我的箱子

私の箱子

一青妙

Tae Hitoto

辛如意 譯

記憶的追尋

林載爵

為何一個接掌家族企業的長男會把自己關在房間裡，短時一週，長則達一個月之久，等到心魔崩解，他又現身在家人面前？他在苦惱什麼？思索什麼？為何一個美好的臺日姻緣，卻讓日本妻子嘗受一句話都不交談的苦楚？生命的價值並沒有放棄，愛情的本質並沒有變化，但是外在的行為卻有失常，人生有太多的不可解，連親人都無法知曉。當時稱為顏妙的一青妙，是這對夫妻的女兒，她的父親在她十五歲時因肺癌過世，八年後，母親在她二十三歲時因胃癌也離開人間。年幼時，對雙親的際遇與感情有所困惑，但無法理解，及長，因雙親相繼辭世，更無從深究，而長埋心中。

二〇〇九年一月某日，一青妙將在東京蘊藏著家人生活記憶，居住近三十年的老家改建，收拾舊物時，發現了一個箱子，裡面收藏著母親整理過的家人來往信件、日記，以及照片、卡片等物品。這個箱子長年原封不動的擱在房子的角落，未曾搬動，如今，在片片雪花飄落之中，塵封的回憶隨著箱子的打開，逐漸恢復，沉眠中的臺灣記憶，也再度甦醒。她想知道的事，想回憶的事，全都收藏在箱子裡，封存於內心深處的記憶之扉重新開啟，岩漿似的濃密感情，不斷滿溢而出。

一青妙透過箱子中的信件與日記，重拾被遺忘的時光，重建未知的過去，從個人與家人出發，最後回到顏家在臺灣的歷史。她的父親顏惠民是基隆顏家建立礦業霸主第三代的長男，母親是日本人一青和枝。她在東京出生六個月後以顏妙的身分回到臺灣，就讀衛理幼稚園、復興小學，十一歲時返回日本，繼續求學、成長，在父親過世後，改從母姓，成為一青妙。

這趟記憶之旅最大的重心是追尋她最親愛但又因為年幼失父而在許多方面感到陌生的父親。他的青春是如何展現的？他的內心世界曾經有過什麼掙扎？為何會失去笑容？為何在逝世之前以絕不交談的方式對待妻子長達年餘？這些謎團她有將近二十年不曾加以關注，現在，她想認識未知的父親，強烈渴望追尋他走過的足跡，透過箱子中的遺物以及走訪父親的親友，最後他終於逐漸勾勒出了一個比較完整的父親形象。

顏惠民出生於一九二八年，以家族企業接班人的位置，自幼受到特別的安排，十歲時就被送到日本受教育，同學多屬上流階級子女。因為同班同學的關係，與日本政治世家犬養毅家族關係極為密切。在學時期被同學形容為「散發著溫和而堅強的氣質」，喜愛讀書，有「大人」之風，「凡事處變不驚，能以寬容之心待人」，並且深受女生的喜愛。一九四五年日本戰敗，顏惠民的心靈受到強烈的打擊，他跟友人這麼說：「K老師說，你們全是天皇陛下的子民，是高喊天皇陛下萬歲，去慷慨赴義的兄弟。戰爭結束了，你變成戰敗國日本的國民，我倒成了戰勝國中華民國的國民。根本不是什麼子民！我再也不是日本人，以後不去上課了。」從此當真輟學，過了一陣子，突然開始掉眉毛，最後臉上不留一絲眉痕。一九四七年五月被日本遣返回臺。

一青妙這時候瞭解到，「父親被當作日本人教育，卻遭到否認不再是日本人。父親的自我認同被兩個『祖國』撕裂，這不斷成為父親的魔障。」回到臺灣的顏惠民正打算以中國人的新身分在臺灣重新生活，卻正值二二八事件發生不久，他目睹了國民政府的鎮壓行動，全臺陷入恐慌。一青妙再度瞭解到，「國家、政治、人類⋯⋯，這一切應該都讓他心灰意冷吧」，相信他心靈上的震撼已是無從想像。兩年後，一九四九年十一月，顏惠民竟然搭上漁船偷渡日本。回到日本的顏惠民再度恢復往昔的愉快生活，他的「顏寓」成為學習院、早稻田時期舊友的聚會中心，他會為訪客準備佳餚美酒。此外，他也迷上登山、滑雪，一年之中竟有三分之一的時間在山中度過，這是何等閒適的生活。

一九七〇年與一青和枝結婚，婚後返臺繼承家業。然而，再度回臺的顏惠民卻又面臨了另一種壓力。按照親友的觀察，他跟臺灣的生活方式、政治、經濟、親戚等都完全格格不入，他不會講國語，甚至閩南話都不流暢，與兄弟的關係又疏離，心理上倍感痛苦，只好借酒澆愁，經常狂飲，甚至將自己禁閉。一九八三年十月在東京檢查出罹患肺癌，一九八五年一月逝世。

經歷一段記憶之旅後，一青妙瞭解了一個悲劇性的父親：「時代操弄下，被捲入歷史悲劇中喪失自我的父親。被日本拋棄、被臺灣放棄，懷著滿腔空虛，找不到價值觀可循的父親。不向任何人示弱、抱怨，獨自跟內心不斷困鬥的父親。」

對於母親，一青妙則有較多的瞭解。一青和枝美麗、迷人、活潑開朗，自從在銀座與顏惠民相識後，她的命運走上了另一條軌道。她以忐忑之心首先必須融入陌生的臺灣顏家與社會，接著又要包容丈夫因為壓力而產生的乖張行為。雖然一度有離婚的念頭，終究克服了難關。當顏惠民檢查出罹患肺癌時，她承受了人生最大的考驗。醫生與家族決定隱瞞真相，在未知的恐懼中的顏惠民以不交談來對付他所至愛的妻子，然而，她依舊每天送食物到醫院陪伴，兩人無語相對。直到生命的最後一個月，他在交代完後事後，終於開口說話：「和枝，妳沒告訴我真相。我只在乎這件事，沒有別的誤會，我只希望妳一人能把事實告訴我。……還有好多事想做，不是嗎？」此時的和枝無法開口，只能拭去不斷流下的眼淚，這些眼淚充滿了無盡的委屈、不捨與愛戀，這是一位偉大、堅忍的女性的表現。

一口箱子打開了個人命運與歷史轉折相互糾纏所造成的人生悲劇，然而，對一青妙來說，更重要的是，因為記憶的追尋，也讓她開始關切自己的認同。她一度與臺灣脫軌，如今因為這口箱子，與臺灣再續前緣。她開始慢慢、持續展開一段與臺灣聯結的新旅程，從「顏妙」到「一青妙」，再到「臺灣妙」的歷程，正是《我的箱子》所傳遞的另一個重要訊息。

目次

我的箱子

「箱子」與全家人的信。

找到了一個箱子
那是日式的箱子
不是單純的箱子
是我記憶的箱子

霙雨紛飛中，片片雪花飄然而落。

二〇〇九年一月某日。

這天，是「我家」的忌日。

居住近三十年，「我家」將改建，脫胎換骨為新的樣貌。

拆屋時紛飛的粉塵光景，像是「灰雪」漫舞。既是不著寒意的雪，總想永遠佇立觀望。我心裡是如此想的。

我不太中意玄關的色調，某天去買了油漆，把茶褐色改刷上銀色。也不知道要先稀釋油漆才能粉刷，就直接把原漆塗在牆上，隔天發現牆壁上出現裂痕般的模樣。

有人來家裡作客，無語一陣說：「好新潮的玄關喔。」

這種意見我不知聽過了多少遍。

母親提議要改裝TOTO牌免治馬桶，左思右想，最後重新裝修的是盥洗室。當時衛浴合併還很少見，洗澡完畢必須跟如廁的客人打照面，真是說不出的尷尬。

父親去世之際，我還是中學生。這個庭院是他健在時，一直不斷眺望的。

那裡有三座大庭石隨意滾臥著。

庭院彼方，父親究竟在注視些什麼？

我嚮往鄉村風格的廚房，把廚櫃門刷成綠色，結果與整體色調不搭終告失敗。不過看來看去，我還是喜歡廚房。因為廚房點綴了這間僅有灰階色調的家。

我跟妹妹起爭執相追逐，不知上下踏過千百遍的樓梯。記得兩人似乎在樓梯間模仿過Pink Lady❶的表演吧。望著挖土機毀壞的住宅斷面，感覺分明是生活過的地方，卻被一種說不出的，不像是自宅的詭異氣氛所包圍。

這棟被拆毀的房屋，曾是雙親、妹妹和我全家四口在日本的家。

這裡是我們擁有共同回憶的唯一空間。就這樣拆除它好嗎？我感到猶豫不絕。然而，我決定保留部分必要的回憶，繼續邁向今後的人生，將這間充滿家人回憶的獨棟

❶ Pink Lady：一九七〇年代後期的知名流行樂團體，由根本美鶴代、增田啟子兩名女偶像歌手組成，以輕快獨特的舞步配合演唱，風靡當時日本樂壇，主要名曲有《胡椒警長》、《UFO》、《Monster》等。

屋拆除。

包括我個人的物品在內，還有保留至今尚未徹底清整的雙親遺物，都應該明確取捨，毫不遲疑地捨棄。

數量最可觀的就是書籍，從鉛字中毒的父親書庫裡取出五百冊以上的書。主要是中國與臺灣相關的書籍，也有文學、歷史小說和山岳攝影集。

父親喜歡登山，舊時的雪鞋托、冰斧、相機也相繼出現。

還有母親的和服與提包，相簿裡裝不完的照片和底片，畫軸上母親親手刺繡的作品，從臺灣帶來的蒸籠、碗盤，我和妹妹在幼稚園、小學時期的勞作、玩具，以及信件、交換日記、獎盃、獎狀、陶甕、女兒節雛偶❷、黑色轉盤電話等等。有些東西是初次相見，我藉著它們，腦海清晰浮現了與家人共度的「回憶」，還有我當時的「心情」。

投影機放映出的「東西」中，「回憶」和「心情」重疊，彷彿是投射機的「投影片」般在我心中喀達喀達流轉。

比方說，遠藤周作❸的《沉默》書盒。

藍色精裝本的書盒裡不見書影，盒子空蕩蕩的，擱在書庫入口旁的書架中間層最邊緣處。書盒裡放著應急時需要的現金和存摺、印章、鑰匙。全家人決定萬一發生什麼意外時可以使用，堪稱發揮了無鎖金庫的功能。

我還記得裡面存放著現金，高中時曾偷了一萬日圓去買漫畫和衣服。回想起來，那時絕對是露出馬腳，但奇怪的是沒被斥責，此後我還成了「慣犯」。

我拿起《沉默》的書盒，想起自己曾略顯緊張，小心翼翼抽出書盒的模樣。心想莫非現在還有現金，結果期待落空，裡面空無一物。不過，此書感覺特別可親，書身已不知去向，我仍捨不得丟棄書盒。

還有一頂「頭盔」擺飾。我家沒有男丁，卻有武將頭盔。臺灣比日本更在乎添丁，祖父從我出生前就一直虔誠祈求，希望能抱個男孫而買下這頂頭盔。

母親去世後，頭盔交由在臺灣的祖母保管，五年前我將它攜回日本。頻繁往返兩地，卻從來不曾取出來擺飾過。

因為我是女兒身，祖父似乎大失所望，父親倒是初為人父，心裡很歡喜，說女

---

❷ 女兒節雛偶：每年三月三日為慶祝女童順利成長的傳統節日，當日在木壇上擺置稱為雛偶的宮廷人偶作為裝飾。

❸ 遠藤周作（一九二三—一九九六）：小說家，篤信基督教，畢生著作豐富，代表作《沉默》描述西洋傳教士在江戶時代初期，在日本布教的艱辛始末，並探討信仰與人性之間的矛盾掙扎。

孩子不適合頭盔。就在我剛滿三歲那年的三月二日，也就是女兒節前夕，他突然買來十二層高的「雛偶」擺飾，規模之大占去半個壁櫥。母親說：「買這麼豪華的雛偶娃娃，太奢侈了。要花多久時間裝飾啊！」每年到了裝飾雛偶的時節，父親免不了被母親數落一頓，那模樣令人難忘。

雛偶壇高同成人，有親王、公主、五人樂師等逐一入箱，細心包裹在薄紙裡。

每年二月中旬，雛偶擺置在和室正中央。諸親眾友聚在壇前合影留念，留下了許多照片。我對人偶不感興趣，沒什麼依戀，倒是想起擱置菱形糕餅、橘樹的情景，還有宮女手捧的器物等等，每年總讓母親這也不對、那也不對得摸不清正確的擺放位置。

曾幾何時，雛偶逐漸不再現身檯面，可能是父母相繼離世，加上我們姊妹脫離青稚歲月的緣故吧。自上次與親王雛偶見面以來，距今相隔數十年之久，確實有些難以割捨。

父親有個癖好，就是不經商量就愛擅自去買大型商品。

繼雛偶之後，買來的是「雙層電子琴」。

「我每天一定練習，買給我彈嘛！」我不斷懇求母親，她深知我的衝動個性，外加做事三分鐘熱度，根本不理會我。我向父親泣訴後，隔日貨便送達。

我暗樂著，在心裡對母親扮鬼臉：「看～妳能拿我怎樣！」

家裡還找到一艘約三十公分長的迷你木船，木船中有船客、國樂團、艙員等人偶，個個精雕細琢。這艘船是母親在臺灣購買的，母親大概相當中意，每次搬遷必安置在家中最顯眼的位置。此外，還有民藝品店常見的木雕作品「大熊銜鮭」。

整理物品時，最令我心跳加速的就是「保險箱」。

因父親在臺工作，直到我十一歲搬到日本為止，「我家」總是長期空置，因此準備了這款高七十公分，外型鈍重又牢固的方形保險箱。

保險箱有旋轉式密碼鎖，右轉三次是七、左轉五次是四、右轉兩次是一……按照密碼表骨碌碌正確旋轉，最後卡鏘一聲就可以打開。小時候有段時期我最期待打開保險箱，苦苦哀求：「不給我玩，我就死翹翹喔——」

記得母親去世前，我從未打開過它。這麼說來……

裡面可能存放了母親曾說「已經寫好」卻不見蹤影的「遺書」。不對不對，不怕一萬只怕萬一，可能放了什麼更驚世駭俗的東西吧。比方說，一萬日圓堆成小山，或藏了一顆鵝卵般大小的鑽石。那我以後再也不必去買年末彩券了！

且慢且慢，說不定裡面是高額借據或腐屍一塊。

我就坐在保險箱前，種種幻想在腦裡打轉。

可是，我就是打不開。

原來的密碼說明單下落不明。

我只好請鎖匠來開鎖，付了大筆鈔票打開一瞧，裡面卻空空如也。

我對母親的哀怨之情，已到了寧可打開保險箱，裡面冒出來的是卡通《小雙俠》❹的骷髏兵衛，教訓我說：「這回要讓妳好好吃癟——！」

保險箱裡為何長年空置，仍是未解之謎。不過昔日連稚嫩的我，都十分瞭解母親向來惜物成性。

比方說，母親保存了百貨公司的包裝紙、提袋、禮品緞帶、一般包裝紙，一大串用途不明的鑰匙、二十年前的衣服等等。玩尋寶遊戲似的接連出現，又一個個扔去。

頭盔、雛偶、雙層電子琴，最後都被當作大型垃圾回收。

我相信這是人生最乾脆的一次捨棄。

「我家」位於東京都世田谷區，妹妹在我六歲時出生，原本住在自由之丘的大樓空間狹小，父親就在附近購買了兩層樓的獨門獨院。

說起這個家，首先要談一下父親的壯舉。

父親以臺灣為生活據點，請託旅居日本的叔父尋找合適的住宅。叔父鎖定了幾間參考物件，打算等父親回來日本再從容看屋後決定。豈知父親回來，開車在第一間物件屋外繞了一圈，也沒下車看房，光憑外觀就立刻決定購買。

相信一般正常人，恐怕也不會如此草率。究竟父親是作風豪爽，還是根本缺乏金錢觀念？

父親的性格，原本就屬於只要有菸有酒，加上書本就可自在生活，對於衣服、居家物品之類的東西，應該是興趣缺缺吧。這間中古屋的前屋主是一位醫生，房屋是由某住宅大建商設計，外型正正方方，內部設有中央暖氣系統和防盜裝置。

這是我生平第一次入住獨棟的房子。

也是第一棟室內有階梯的家。

有幾間備用室，最初感到十分寬敞。

❹ 小雙俠：日本富士電視臺於七〇年代後期播放的人氣卡通，劇情是兩個小孩祕密組成小雙俠，對付壞人骷髏兵衛手下的三賊黨。

對於居家毫無興趣的父親，奇妙的是對庭院極為執著。他曾向石材店購來三塊庭石，栽種了心愛的梅樹。也種了三株白樺樹。有人說東京氣候不宜白樺樹生長，但父親就是堅持要種。大概是當時溫室效應沒那麼嚴重吧，至父親去世為止，白樺樹依舊茁壯。

從一樓廚房、客廳、父親房間，或從二樓都能隨時眺覽庭院。父親房間是鋪榻榻米的和室，後方是母親房間，與和室相通，中間連著壁櫥。這房間像是暗藏機關的忍者屋，幼小的我覺得有趣無比，漫無目的的穿梭於兩室之間。

一樓有書庫、盥洗室，還有浴室。

母親對浴室相當堅持，將原本一體成型式改建為貼瓷磚的樣式，裝置深槽式的不鏽鋼浴缸，全家人一起入浴，水深可浸至肩頭，設計頗為貼心。改建臺灣家裡的浴室時，我還記得母親左思右想十分煩惱。素色素紋的瓷磚中，只放入一塊花樣點綴其中，我還記得母親費心考慮安置何處。我對浴室的執著心，就是傳承自母親。

步上樓梯，左右是我們兩姊妹各自的房間。我年紀較長，房間稍寬敞些。屋外的陽臺相通，欄杆環繞全屋，越過欄杆可走在一樓屋簷上。我常翻越欄杆，氣急敗壞繞

父親把年輕歲月中對白樺樹的美好記憶，移植回東京的「我家」。

圈追趕妹妹。

望著舊家漸被拆除，我發現自己對母親思念無數，對父親卻少有回憶。父親真正在此安居下來，其實只有大約一年。

這間住宅購於一九七六年，此後我們生活據點已在臺灣，我唯有寒暑假返回日本久居一陣。返臺時日本的家閒置，阿姨偶爾來家裡啟窗通風。

客廳旁的邊櫃最下層的抽屜裡，是放重要便條紙的地方。摻混在水電費帳單中的手寫存摺密碼、印章、鑰匙，還有《沉默》書盒裡放的備忘錄等等。

據說這種做法是萬一發生飛機失事等突發事故時，為了讓外人容易辨識。這種想法對我也造成影響，我遂養成習慣把重要證件整理得有條不紊，以便讓人及時發現。

廚房旁的庭園一側，種了幾株母親喜愛的山椒、蔥、青紫蘇、蘆薈。母親煮味噌湯或做燉菜時，常常要我去摘下山椒葉，做生魚片時，也常要我去摘採青紫蘇。蔥和青紫蘇已不見蹤影，山椒樹猶在庭間。

眼看蘆薈從單盆不斷增生為三、四、五、六盆，母親把切除刺疣的蘆薈葉浸入洗澡水，也常取來厚厚抹在臉上。為何要把一團黏糊糊的東西抹在臉上？幼時的我感到不可思議，眨也不眨地望著母親的舉動。燙傷時，塗抹這些黏糊糊的東西能夠療傷，具有神奇功效。

廚房到處是從臺灣帶來的電鍋、蒸籠、碗盤。

電鍋是「大同」品牌，臺灣家庭的常備用品。日本電鍋只能蒸飯煮粥，大同電鍋產品優秀，一個開關的簡潔設計，不單是煮飯、蒸魚，還能燉湯，不愧是多功能魔法鍋。母親使用大同電鍋，做父親愛吃的雞湯和茶碗蒸，輕快利落就完成一道蒸魚。

廚房有後門，替父親運酒送魚來的酒莊或魚鋪大叔，還有乾洗店小哥會在此現身。打開廚房後門，外面門旁堆放三多利Old威士忌的渾圓黑瓶，全裝入酒盒。父親不飲啤酒，常喝威士忌。他獨愛杯中物，不惜以酒代茶，對酒莊來說，堪稱是街坊第一老主顧。

我和妹妹平時都由後門出入。後門與廚房相連，回家立刻可見到母親。

餐桌是由母親精心挑選，木製圓桌經過特別訂製，裝設了中華料理館才有的旋轉玻璃圓檯。遇到賓客多時，開啟桌心拼裝的兩側桌板，圓桌頓時成了競賽場跑道式的橢圓形板面，可供十二人入座。新年或盂蘭盆節的日子，舅舅阿姨來家裡聚餐，頻頻動筷夾母親做的中華料理，還有阿姨們帶來的日式料理，大家從早到晚邊吃邊聊，好不熱鬧。

在這個圈子中，只有父親一個人在房間角落默默獨坐小酌，聆聽大家交談。

當時我還是小學生，最愛在這張桌上玩撲克牌的抽鬼牌遊戲。因為人數眾多，大家只分到三、四張牌，很難湊成一對牌，卻對年幼的我特別優惠，規定不能讓我抽中鬼牌。我個性不喜服輸，對這種「每玩必勝」的遊戲樂此不疲。

客廳有一張抹茶色大型躺椅式沙發，是單人座椅，也是觀賞電視節目的最佳特等席。那是父親的專屬座位，他在那裡閱讀，觀賞NHK電視臺的新聞、大相撲比賽，和教育臺的收音機體操。

觀賞新聞或相撲節目也就算了，實在不懂父親為何愛看收音機體操。父親去世後，某次我看到播放這節目，突然問起母親：「為什麼爸爸愛看收音機體操？他又沒跟著一起做。」

母親偷偷告訴我：「妳爸就愛欣賞那些體操姊姊，像是短褲美腿健康型之類的。

他是假正經、真好色，啊哈哈！」

天啊，父親竟把看這種節目當作樂事，那不乾脆去翻翻《花花公子》雜誌不是更有趣。不過，我倒覺得把看體操節目當消遣的父親十分可愛。

還有令人難忘的，就是父親洗完澡，會一絲不掛地站在客廳中央暖氣前。與其說是烘乾身體，正確來說應是烘乾重點部位「小弟弟」。我們姊妹倆跟在他身旁，望著自己沒擁有的奇異物體，一起烘乾了頭髮。

我比妹妹年長六歲，時常認真地起爭執。妹妹愛學人，愛當跟屁蟲，我心裡煩，跑回自己二樓房間上了鎖，妹妹在門外猛敲，簡直快敲出窟窿來，哭著叫：「姊～開門啦～」

忽然我念頭一轉，馬上又和好，姊妹倆便吹起直笛，一遍遍輪奏〈青蛙曲〉。母親笑稱我們是一對「神奇姊妹花」。

我們是女孩子，卻常扭打成一團。有時打鬥正起勁，曾飛拋過剪刀，所幸沒有傷及面容。

我一旦開始整理舊物品，大概是過去不曾費心思舊，如今這些「追憶」、「憶物」、「思故地」、「情感」等等的思緒，開始時序交錯、任意拼湊，在腦海中旋繞不去。

我發現母親整理過的瓦楞紙箱裡，有個貼紅色和紙的箱子。

這箱子不像出自鎌倉的木雕工藝品，不知是何方之物，亦非來自臺灣，應是屬於日本雕工。我記得常在家裡瞧見，只是從未開啟過，一直由母親珍藏保管。說來有些誇張，但是在孩童眼裡，這箱子蘊含了一種神聖不可侵犯的氛圍。

母親繼父親離世後，長年以來這個箱子原封不動。我有心整理，卻總是找藉口擱置下來。

究竟是想維持原狀，還是拒絕改變？

不過該是面對的時候了。我決心打開它。

打開的那瞬間，我聞到一股寄自臺灣的信箋氣息。

塵灰中，攙著無限的懷想。

母親寄給父親、我寄給雙親、父親寫給我、妹妹寫給我的信，還有我的臍帶、幼稚園時畫的圖畫、幼稚園及小學時的勞作作品、父親的相機、生日卡片、壓歲錢、各國旅行錢幣。

這些舊物皆曾過眼，個個倒感覺像是初遇。若以中文的「陌生」一詞來表達，可說再恰當不過了。

我從紛雜的箱子裡，找到一本「母子手冊」。裡面的字體，正是記憶中母親那小而圓潤的字跡。

母子健康手冊
東京都澀谷區
■昭和四十五年（一九七〇年）三月二十四日交付
■母親姓名　顏　和枝
■子女姓名　顏　妙

感覺上，這本母子手冊跨越了四十年歲月，等待我在某處悲痛欲絕地重新翻開它。

我啪啪沙沙地翻開。

昭和四十五年九月二十四日午後零時八分　出生。
十月十五日　出院時體重減至二．七kg。
此後一個月內發育不佳，一日飲牛奶一次
飲量約四十～五十cc。

昭和四十六年十二月二十四日　逗她會笑

昭和四十七年四月　語言環境是日文、臺語、國語三種，因此話說不清楚。
會叫爸爸、媽媽、女傭阿碧。

昭和四十七年七月　不用包尿布。教大小便。媽媽、爸爸、吃飯等會說大約
十個單字。

昭和四十七年九月二十四日　兩歲，教刷牙。

昭和五十二年九月六日

就讀臺灣臺北私立復興小學。

自幼兒期就從不生病，體型纖瘦卻非常健康。從來不會在半夜尿床或哭泣，給母親造成困擾，順利成長。

或許是家庭因素所造成，年紀雖小，對大人心思很敏感，以致情感過於纖細。希望她天真一點，成為開朗豁達的孩子。這是雙親的責任。小妙，抱歉喔。

是的，回想起來，我從小就善於察言觀色。為何如此，自己也不明白。只是不想被人討厭，想避開紛爭。覺得自己心裡有好多想法、好多意見想表達，卻事先洞悉了對方心意而變得卻步。自己也討厭這種性格，卻至今無法改變。我想這種性格的原點，從母子手冊可略見端倪。

我想知道的事，想回憶的事，全都收藏在箱子裡。

封存於我內心深處的記憶之扉重獲解放，岩漿似的濃密感情，骨嘟骨嘟不斷滿溢而出。

對漢字的記憶任意跳躍，流動字幕般接連出現。

ㄛㄉㄠㄟㄑㄆㄗㄈㄣㄊㄇㄋㄎㄕ

豆花、荔枝、便當、歐陽菲菲、忠

臭豆腐、西瓜頭、孝、肉鬆、蔣介石、小籠包

肉粽、功課、仁、睡午覺、颱風、田雞、鄧麗君

魚翅、長恨歌、芒果、愛、蓮霧、孫文、玉山

沉眠中的臺灣記憶，再度甦醒。

父親是臺灣人。

雙親攝於臺灣，母親當時年約35歲。

1969年（昭和44年）1月3日雙親攝於日月潭。

母親是日本人。

我在如此雙親背景下於日本出生，六個月後渡臺，展開長達十二年的臺灣生活。父親生於一九二八年，母親比他年輕十六歲。

兩人從相戀到決定結婚，大約是四十年前的事。當時說起異國結婚，好比是在茫茫人海中尋覓擁有滿口健齒的人，是多麼的珍奇罕見。

我的外祖父母和舅舅、阿姨們聽到母親想結婚時，紛紛露出「這下還得了！」的樣子，我立刻想起一首歌曲❺：「穿紅鞋的女孩，給外國人拐跑嘍～」難不成是誘拐？人口販子？今後是否有重逢之日？該不會被玩弄感情吧？母親的親人對「臺灣」的整體印象，其實就像是巨大異邦人，感到極度不安，各種臆測紛飛。

母親透過信件和口述告訴胞姊，父親是文質彬彬的紳士，她們就想像這位男士是從童話故事現身的「白馬王子」。

實際見面後，才發現父親很像卡通《蝶螺小姐》❻裡的波平爸爸，是個頭頂稀疏、身材矮小的中年大叔。大家相當意外，卻拂拭了「外國人」的騙婚形象，親近感油然而生。

母親於一九四四年在東京出生，排行最小，上面有六位兄姊。當時糧食極度匱乏，外婆乳水不足，只能餵她喝洋芋湯，據說母親營養不良，幼時肚子總是圓圓鼓鼓的。

即使如此，兄弟姊妹中最調皮的就屬母親了，整個人瘦巴巴，牛蒡似的黝黑皮膚。看她學生時代的照片，總是位居中間露白齒而笑。姊姊個個成績優異，母親自知功課不佳，懷著自卑感，便常以開朗性格博得大家好感。

母親遺物中，有茶道、花道、美容師、雕金等各式物品，以及種種證照。興趣廣泛的個性，也由我這個自認對什麼都有興趣，卻什麼都不專精的女兒傳承下來，不禁感到滑稽極了。

母親並非嚮往海外生活，只是心儀的對象恰巧是臺灣人罷了。何況這位男士，日語流暢道地，若非詢問姓名，甚至不知他是外籍人士。交往期間，母親很少意識到父

❺ 歌曲：西元一九二二年，由野口雨情作詞、本居常世作曲的童謠，描述小女孩隨著洋人遠渡海外而懷著思鄉之情，旋律含著淡淡哀愁。

❻ 蠑螺小姐：自西元一九六九年於富士電視臺每周日播映至今，改編自長谷川町子的同名漫畫，以家庭溫馨生活為題材，是家喻戶曉的國民卡通。

親並非日本人。
兩人究竟是如何邂逅，至今仍是個謎。
親戚朋友紛紛異口同聲表示：「真相不明」。
只聽說，邂逅的地點是：「銀座」。
父親只對菸、酒、書籍感興趣，住處友人雲集，夜夜歡喧如宴。據說某次母親忽然加入這圈子，不知不覺兩人展開交往，最後步入婚姻。
父親在銀座暢飲連軒，究竟在何處與在店裡工作的母親相識？或是在銀座某間美容院，與身為美容師的母親結識？
還是母親在銀座閒逛時，遇到父親前來搭訕？年近四十的禿髮熟男，能向二十出頭的妙齡女子主動搭訕，真該為他的勇氣可嘉乾杯。
我試想了種種，然而雙親既不在人世，無法尋出結論。
正因為無正確答案可循，當作空想題材也是不錯。
兩位在銀座邂逅的臺灣人和日本人。多少感覺怪怪的，卻不是什麼壞事。
父親在十二名子女中身為長男，雙親盼他迎娶臺灣媳婦，他卻選擇東瀛女子為伴侶。縱然關注點不同，據說父親家族震撼的程度，不下於母親家族。

儘管如此，父親已逾不惑之年仍打光棍，既有意結婚，祖父母最終還是首肯接納這門婚事。我手邊的相簿裡，保存了一張祖父從臺灣專程赴日參加婚禮的照片，臉上滿是歡喜笑容。

「箱子」裡還收藏了我出生前，雙親魚雁往返的信件。

為了避免薄箋易損，我小心翼翼逐一打開閱讀。

一九七〇年二月十六日

其實我想表達的，就是和枝若覺得妥當，待小生返日後將正式提出求婚。

首先我回日本後，向和枝的雙親取得諒解。

若能獲得諒解，希望和枝能儘早來臺舉行婚禮。

關於上述之事，希望妳能深思後再回覆。

不過，一切是以和枝願意與小生共結連理為前提。

母親的名字是一青和枝，以下信件皆引自原信內容。

雙親使用的是紅白藍斜紋鑲邊的航空信封、洋蔥紙薄箋。父親使用藍鋼筆墨水寫字，字體稍右下斜，字形稜角分明。母親是使用藍原子筆，字跡略帶圓潤。

面對父親的求婚，母親連用四頁信紙表露了內心惶然。

一九七〇年二月二十日

我與你結為連理，其實是不安與惶恐多於喜悅。我對你十分放心，卻不瞭解顏氏家族會如何看待我，為此萬分不安。

我的家境清簡，沒有顯赫地位，沒有財富。無論如何逞能佯裝自信、虛飾門面，也有其限度。

我只能以一己之身，與你攜手共度未來。如此的我，顏家是否接納？我能否融入顏家？這是目前最大的苦惱。

父親的名字叫作顏惠民，出身於臺灣五大財團之一，就是著名的礦山王顏家。父親必須繼承家族企業，以臺灣為據點，協助祖父經營公司。

（日期不詳）

和枝小姐

我已收到妳的來信。

相信妳一定是心焦如焚。我十分牽念，但礙於公司業務繁忙，無法緩緩沉靜下來回信給妳。

和枝煩憂的嫁妝等事，千萬無需掛心，至於顏家方面，我想應該一切順利。

我想結婚，心意愈來愈堅定。

惠民

（日期不詳）

惠民先生

我收到信了。

很高興惠民心意如此，我再三覽讀不忍釋手，謝謝你。

關於結婚一事，我決心接受你的求婚。

和枝

三月一日

今日，終於讀到渴盼已久的來信。

關於結婚一事，謝謝妳的答允。總之，望妳早日來臺。

有好幾封蓋上一九七〇年二、三月戳印的信件，詳細記錄了雙親從相識至結婚的來龍去脈。

今日可透過電話或傳真機、電子信件及時掌握對方心情，在當時等候來信寄達之前，彼此究竟懷著多少忐忑？想必是懷著期待和不安，徹夜輾轉難眠。然而兩人最終還是攜手跨越了這段煎熬，結為連理。

父親因工作關係，經常長期滯留臺灣。在此期間，我與母親時而返日，與父親無法相見時，父親會寫信給我們及後來出生的妹妹，我們母女三人也從日本寄信去臺灣給他。

我將束成好幾捆的大量航空信一口氣讀完。一封接一封讀著，感受到父親的體貼及對家人的關愛，若有似無傳遞而來。

一九七五年十月二十日

小妙，謝謝來信。

……等我趕快把公司工作忙完，就會去東京。下次全家一起歸臺吧……給小妙　再見

爸爸字

內容全是日文平假名，其中部分是以舊假名❼寫成。父親生於昭和初年，身為臺灣人，卻從小學至大學接受日本教育，日語比中文更為流暢。信中使用歸臺的「歸（かえりませう）」字，讀來簡直就像古文，令人不禁噗嗤發笑，這就是父親的親筆信，是我的至寶。

一九七六年九月二十日，比我小六歲的妹妹在東京自由之丘出生。我們母女三人在日本生活，直到妹妹能坐飛機為止。

妹妹出生後，父親在信裡總是要求一定要附上妹妹照片，不時透露他最在意此事。

❼ 舊假名：西元一九四六年（昭和二十一年）之前的假名使用方式，四六年之後則稱為新假名。

一九七六年十月二十四日

……小窈喝很多牛奶嗎？哭了要抱抱她。

多拍些小窈的照片寄來臺灣。上次帶來的已經給阿嬤了，爸爸手邊沒有照片。等寄來時，會把她的跟小妙的放在同一個相框……

一九七六年十月三十日

……等小窈能坐飛機時，爸爸會去接妳們。

預計將在十一月八日去東京。臺灣還很熱，爸爸睡覺時是穿夏季睡衣……

年月不詳，二十四日

小妙畫得真好，下次再畫多一點寄來。爸爸會趕快把工作做完去東京，還要跟小妙一起看可怕的節目。

……阿公阿嬤都安好。東京早晚已經很冷吧？小心別著涼了……

這是爸爸第三次寫信給小妙。日期和時刻是二十四日下午一點半。

剛才碧晴幫我寄的是第二封信，日期和時刻是二十四日早上十一點半。

爸爸字

臺語的阿公、阿嬤就是（外）祖父、（外）祖母之意。碧晴是當時寄住臺灣家的女傭名字。

我愛看恐怖片，尤其喜歡血腥恐怖片中暴露人體五臟六腑的片段，對這種絕對無法窺視自己軀殼內的世界，深深感到著迷。究竟從何時開始喜歡上這類題材，早已印象模糊，讀了這封信，我才驚訝自己年僅五、六歲，卻有興趣看「可怕節目」。

至於我也曾一天寫好幾次信。

一九七七年五月二十四日

小妙

爸爸已收到第二封來信，謝謝妳。我寄信回來時，小妙的第二封信已經在信箱裡了。謝謝。妳畫得真好。

我寄給父親的信，常常與媽媽共用一張摺疊式信封兼信紙的簡信。到了上小學年紀，結尾一定要畫上公主，穿著新娘蓬蓬裙、燙成米粉捲的長髮，還有一雙水汪汪大眼。

一九七八年八月二十八日

小妙寫給爸爸小妙最近寫的信收到了嗎收到的話要讀喔。爸爸也要寫信喔寫一點點沒關係。~就這樣沒了後會有期請代我向大家問安後會有期。

也不知要從何處斷句，彷彿密文一般。想到父親拚命解讀的光景，內心盡是感謝。

我們家族不斷往返兩地，次數之頻繁，護照甚至在一年內就蓋滿出入境章。我們家有三只大型四方布製行李箱，容量之大，足以讓我這小孩拱起身子輕鬆鑽進去，在裡面說：「我會乖乖待在這裡，不會被發現，就這樣帶我一起去臺灣嘛~」

我常常這樣讓準備返臺的父親困擾。

從日本到臺灣時，母親慣例會去銀座松屋或上野阿美橫町、築地、自由之丘的山本山購買豐富的伴手禮。在松屋買的是送給姑母的胸針和披巾，在阿美橫町買大量的醃鹹鮭魚和鮭魚卵、冬菇。在上野多慶屋購買日本製玩具和點心。到築地是買柴魚片、昆布等乾貨，到山本山則是買烤海苔和調味海苔。

將這些一股腦兒塞進去，三只大行李箱立刻爆滿。

從臺灣返回日本時，母親會去臺灣知名茶莊「天仁茗茶」，訂購大量烏龍茶或香片等茶類，到臺北市東門市場買皮蛋和鹹蛋，還到著名乾貨集散地迪化街，為喜愛做菜的阿姨們買蝦米和干貝。又為愛飲酒的舅舅們買「伍中行」的烏魚子。「新東陽」的牛肉乾和肉鬆也是必備伴手禮。五月端午時節回日本時，行李箱裡一半裝著肉粽。

入境日本時總是到機場檢疫局，記得檢疫局的大叔看到驚人的肉粽量，拿起最上面的一顆，說：「味道好像挺不錯啊」，就讓我們過關了。

今日在臺灣可見和風食材販售，而在日本，中華食材也很充裕。但在那個時代，一切是物以稀為貴。對臺灣人來說，日本製服裝和裝飾品是奢華品，母親常受託代購，總像個行旅商人似的，骨碌碌拖著滿滿行囊往返兩地。抵達目的地後，滿滿行囊轉眼即空，在我童稚的心靈深處直呼不可思議。

我在十一歲時赴日就讀小學，父親總是擔憂我無法跟上進度，當時的心情，也留存於信中。

一九八二年二月十八日

小妙

收到來信，謝謝。

多謝妳寄來巧克力，不過爸爸不太喜歡吃甜食，妳的好意心領了。

最要緊的就是進入女子學習院讀書前，要先學習小學三、四年級的基礎課業。

這是爸爸對小妙提出的唯一心願。

小心別著涼了。

一九八二年九月十五日

到了九月二十四日，小妙就滿十二歲了。無論是乘船、坐電車、搭飛機，都必須要付「成人」的票價了。不過要成為真正的「成年」社會人，以學校舉例來說，就必須念國中、高中，一直到大學畢業以後。對小妙而言，現階段的目標是明年即將念國中。小妙去年十一月剛從臺灣轉入日本學校，就像爸爸上次在信中提到的，小學三、四年級的基礎課業學習非常重要。要事先認真下一番工夫才行。到明年入學考試為止，只剩不到五個月的時間，要好好再接再厲。

如果小妙能考上志願的國中，就算明年生日還沒到，爸爸也會買彩色電視當作入學生日禮物。盼送禮物的日子早點來臨。

一九八三年一月七日

……爸爸相信小妙的實力，感到很放心，不過除了日語之外，還有中文作文測驗。爸爸會請呂老師和瑞遠媽媽代買參考書。明天阿bu爸爸將回日本，就交給他帶去。妳要細心閱讀，無論出什麼「題目」，都要鎮定寫好作文。爸爸預計在十五日回去。

呂老師是我小學時的家教，瑞遠是堂兄弟的名字。漢字的「媽媽」，中文是「母親」之意。

父親殷切期盼我能念他的母校。

放榜時，他迫不及待先去確認我是否考取。平時不太喜形於色的父親滿臉笑意，在學校正門擺出勝利手勢，等待我和母親來看榜。這幅光景，至今仍令我印象深刻。

我如此讓父親屢次掛心，不斷來信敦促用功的情況，暫且擱置一邊不談。其實我完全喜歡上日本生活，天天在學校與朋友嬉戲、看電視，開始擁有自己的世界。正因為如此，我熱中投入自己的生活，而這遠比寫信給父親更重要。

念國中後有了新夥伴，忙著參加社團活動和委員會，比起小學時代，寫信給父親的次數頓時銳減。

一九八三年日期不詳

爸爸想說的我再清楚不過了，就是要好好用功和常寫信，總之就這兩件事。

我在想父親節要送什麼禮物啦！但不是光想想就算，要等爸爸回來，到時才送!!

當時並非討厭父親，而是不願被干涉的心理逐漸萌芽。我從沒聽過自己有明顯的反抗期，不過回想起來，或許正是此時。

一九八三年二月十五日

小妙

小妙和小窈的幼稚園和小學畢業典禮，還有入學典禮，爸爸想儘量都參加。

希望妳寫好預定日程表寄來臺灣，拜託了。

長期在臺灣的父親費心挪出時間，配合參加孩子的活動。

某日，國中國語課堂出了作文題目，讓同學們說明自己名字的意思。我問了母親之後，才知道「妙」是父親取的，就寫信詢問在臺工作的父親。

一九八三年四月三十日

小妙

爸爸字

每天都有精神飽滿地去上學嗎？

媽媽昨晚平安抵達臺灣。

……

小妙這個名字的典故大致如下：

「妙」字是取自中國《老子》一書的第二十七章，文章開頭是「善行無轍跡」，最後一句為「是謂要妙」，就是取自於要妙的妙字。

所謂要妙，乃是老子所言的深奧至理，就是指無為自然之「道」。同樣在《老子》第一章，全文是「道可道，非常道。名可名，非常名。無名天地之始；有名萬物之母。故常無，欲以觀其妙；常有，欲以觀其徼。此兩者，同出而異名，同謂之玄。玄之又玄，眾妙之門」。

……

此外，小窈的名字也是取自要妙，古時候是寫窈眇二字，妙眇同義。

……

這對小妙來說太難理解了，取「妙」這個名字，就是希望妳能看清事物的真相，這樣能瞭解嗎？

……

下回再談，再見。

父親寫了長長三頁信，說明取名字的原由。可惜內容過於艱澀，還是中學生的我看得懵懵懂懂，只在作文裡引用一句：「希望能看清事物的真相」。其實我不太喜歡「妙」這個名字，總覺得老氣、欠缺新潮感。別人問起該如何寫時，我會開點玩笑，說是「奇妙的妙」、「寫成女生很少」、「南無妙法蓮華經的妙」。讀了信後，發現原來「妙」與妹妹的名字密不可分，總算明白父親取名字的深意，也就稍微比較喜歡這個名字了。

一九八三年七月四日

……小妙能獲選為運動會接力賽跑的選手，真是太厲害了!!爸爸國二時百米賽跑成績是十二秒三、國三是十二秒零。不過小妙寫的是五十公尺七點七秒，七十公尺七點八八秒，爸爸覺得有點怪。這若是跑百米，不就破男子世界紀錄了嗎？妳大概寫錯了。

一九八三年九月一日

……漫長暑假，希望妳玩瘋以後要好好收心用功。日本接下來會轉涼，已到俗話說的天高馬壯的時節。又云：秋天是「燈火稍可親❽」的季節，亦稱為讀書之秋。不要只顧著聽隨身聽，別光是替西武隊加油。

寫這封信的時期，我們共同嗜好是看職棒賽。父親支持巨人隊，我熱中西武獅隊，我們曾一起到球場觀戰加油。我是田淵幸一❾的球迷，同樣是九月二十四日生的。父親得知田淵選手相當活躍，特地從臺灣剪下海外版日文報紙上的相關新聞，附在信裡寄回日本。

一九八三年九月七日

小妙

爸爸沒找到小狗信紙。

萬一發生地震，我也只好認命。身上（背包裡）要帶點錢和地址備忘錄、血型證明，然後到安全地點避難，這是最要緊的。

一九八三年九月三十日

小妙

……還好地震沒發生呢。

妳在信上說，九月十日會發生地震！

如此一想，小妙早該死翹翹了，怎麼可能還活著!?哎呀爸爸是開玩笑的，希望地震沒發生，應該說「真是好險!!」才是。

記得確實有位名人預言，這一年九月十日富士山將大爆發，會引發劇烈的地震。這件事在學校變成話題，我信以為真，憂心忡忡寫信給父親，他不為這種芝麻小事嫌煩，竟還認真回覆，偉哉吾父。

我正值青春期，開始裝大人，想與父親保持一點距離。但畢竟未脫稚氣，信件往返時，我將印有雙子星娃娃、凱蒂貓、雷公三兄弟等卡通人物圖案的信紙信封交給父親，希望他能用來寫信。

父親略顯困惑：「非要用這些來寫信不可？」他回臺灣時，只好將一堆卡通人物

❽ 燈火稍可親：典故出自韓愈〈符讀書城南〉一詩中的「燈火稍可親」，收於《全唐詩》三四一卷。

❾ 田淵幸一（一九四六—）：活躍於一九七〇、八〇年代的棒球投手，曾是西武隊王牌球員。

信紙信封，放入房間書桌抽屜裡。

生於昭和初年的父親，信中流露出寵愛孩子的心情，也顯示了不知該如何與女兒相處的困惑。

「箱子」裡面，放著家人追憶的凝塊。

藉由雙親的親筆信及母子手冊，血脈開始流通，細胞增殖般一鼓作氣地動起來。

透過信紙氣息和文字，恐怕才能與雙親心意相通吧。

箱子裡面從父親的黑白相片，到我與妹妹、母親的彩色照，無法盡數整理，全攙混在一起。

迅速大致翻過，我發現每張都與臺灣有關。

信、蘿蔔糕、圓山飯店、酸辣湯、鍋貼
豬血湯、義、豬腳、故宮博物院
三民主義、和、麵線、阿里山、臺北、司機
平、紹興酒、日月潭、臺北火車站

從我腦海中滿溢而出的臺灣回憶，與相片逐漸重疊。

去旅行吧。

我決定去探索臺灣與我之間的牽繫。

抱著記憶的箱子

尋找真正的記憶

臺灣的「野貓」

1980年攝於臺灣自宅。我10歲，妹妹4歲。

我要去日本
我要回臺灣
我屬於哪裡
天也不知道

一九七〇年，父親成為下一屆董事長候選人，在家族經營的公司任職，並在臺灣展開新婚生活。

母親懷有身孕後，畢竟對初次在臺灣待產感到不安，於是決定在日本生下我。日本居家位於雙親相識的澀谷區松濤，我就在松濤醫院出生，半歲時渡臺。母親決心要與父親返臺共度生活，在我成長期間，沒有讓我讀日僑學校，而是選擇當地幼稚園入學。

父親的舊家位於臺北市，以外界眼光來看，實際上極為氣派醒目。戶外有寬敞的日本庭園和水池，許多錦鯉悠游於池中。

祖父母與三位尚未出閣的姑母（父親的妹妹）同住，加上住宿家裡的傭人、園丁、司機，公司員工不時出入，家中顯得熱鬧非凡。

與這棟宅邸相隔五棟屋子的距離，就是我們自家獨住的大樓。

我與雙親居住的地點，是「臺灣省臺北市新生南路一段」。

啪達啪達啪達啪達奔上樓梯的腳步聲。

彷彿打赤腳走在大理石上般，迴盪在冷森森的空氣。

鬼屋似的，溼氣逼人的陰暗。

臺灣以混凝土建樓居多，進到屋裡，便聞到一股陰冷霉味。

總共五層樓的大樓沒有電梯，打開樓下大門，一口氣朝二樓自宅猛衝上去。

「沒遇到鄰居就抵達家門口，**Lucky**！」心中暗自決定這個遊戲規則，在此度過臺灣的每一天。

這個居家空間有四房兩廳加廚房，以及多功能室。包括雙親各自專用的起居室、客廳、餐廳，還有待妹妹出生後一起共用的小孩寢室，裡面放置雙層床，另有寬廣的和室與傭人住的小房間。和室裡可觀賞日本節目錄影帶，又能充當客人借宿的特別房間。

父親房裡放著大型的董事長桌椅，還有一張大床。

父親極愛吹冷氣，一整年恣意開著，唯有他的房間寒氣刺骨像是冷凍庫，我最喜歡在盛夏裡潛入這個房間。打開空間深邃、占據整面牆壁的衣櫥，西裝和領帶的排列井然有序，在童稚的我眼中，件件都是一樣。不知何故，底層擺放無數酒瓶。我玩捉迷藏時，總是躲在衣櫥深處，拿酒瓶當作掩護。

母親房裡有兩張大床，床鋪之寬闊，足以容納我們全家橫躺其上，因為床太大了，我對那房間只留下「有大床的房間」的印象。一間同時有衛浴與盥洗室的房間，聯結了雙親的房間，可出入相通，設計十分奇特。

餐廳裡有電視和中式餐桌、四張餐椅。

唯獨父親那張有椅肘的座椅，比其他椅子體積更大。

這是讓父親在椅上可盤腿坐的特等席。他總是一襲短袖和風家居服盤坐在上面，一手捻菸或持酒。

與餐廳相連的廚房，必有母親或女傭的身影，正炊著香氣四溢的米飯。以今日的說法，這種米大概就是「香米」品種吧。母親為嗜酒如癡的父親至少做了五道以上的酒餚，比方說：「和風涼拌菠菜」、「蒸魚」、「鹽漬烏賊」、「蒸雞」、「皮蛋豆腐」等等。桌上沒有適合小孩的菜餚，我們總是吃父親愛好的食物，當我長大後，雖不飲酒，卻養成以下酒菜配麵包吃的習慣。

母親做的菜我全愛吃，只有一道小孩子無法體會的醍醐味，就是在裝滿熱開水的陶鍋裡，只放清豆腐的「湯豆腐」。這很適合拿來當下酒菜，春夏秋冬，周周必出現餐桌一次，我瞅著父親吃得津津有味，心中滿是不可思議。

客廳擺著我學琴用的鋼琴，上面蓋著母親費心凝神繡成的琴罩。這塊琴罩的圖案，是與彩虹同色的紅、黃、紫、綠天使坐在七色菇上，造型極為可愛，圖案至今令人難忘。

當我三歲時，就讀基督教會附設的「衛理幼稚園」。這所幼稚園與日本幼稚園相同，皆有巴士到住家附近接送，我每天在幼稚園一直待到午後。

當時臺北有不少來自日本大企業的員工家庭，我住的地區有許多日籍居民，附近的日本小孩會與我們姊妹融洽玩耍。

我家常有日本或臺灣小朋友來玩，大家的目標正是客廳隔壁陽臺上的小鞦韆，還有一旁的玩具箱。莉卡娃娃、雙子星娃娃、醫生診療箱、模型玩具、咚加啦❿、PLA-

❿ 咚加啦：Donjara，一種類似麻將的兒童遊戲，牌面圖案以流行卡通人物為主。

RAIL公司的火車鐵道模型，還有玩「黑鬍子危機一發」，挑戰戳刺藏在木桶裡的海盜玩偶等等，日本玩具塞滿整箱子。

有些人會侃侃而談：「記得小時候做過這種事」、「幼時曾發生那種事」，我無法相信這種說辭。或許是我蓄意忘記，還是單純只是記憶力差，其實，我對自己的童年生活記憶朦朧。

看樣子我是藉著過濾器，把對自己有害的記憶放入「遺忘」資料夾，這是我的奇怪癖好。

我在臺灣度過形成人格最重要的幼少期，卻幾乎印象模糊。難道是沒有留下美好的回憶嗎？

父親是臺灣人，母親是日本人，我既非臺灣人，也非日本人。我卻是臺灣人，又是日本人。

總有一種自己與他人不同的感受。

我學會說話，已是相當遲晚的事情。

那時臺灣主要講臺語，公用語是國語。

我在臺語、國語、日語三種語言環境中成長。

或許這些語言在腦裡疏通和整理需要一些時間，我能明確表達，已是三歲以後的事。母親相當憂心，甚至考慮帶我去就醫。

母子手冊裡記錄著：「比一般孩子晚說話，身為母親的我極為擔憂」。

不過一旦開口，我突然能流暢區分使用三種語言。

在家裡與會說日語的親戚以日語交談。

與父親公司的職員說國語。

到市場買菜就講臺語。

我逐漸成為面對不同對象，就能任意切換語言環境的孩子。

不想聽見大人談話，就當作收音機雜音般，進入充耳不聞、裝聾作啞的「無」資料夾。面對對方可能是敵人，就採用「迴避」資料夾，否則歸納為「無害」資料夾，憑著本能區隔。遇到發覺自己太過坦率會得不償失時，便封印自己的想法，有時裝作無法理解對方所言，察言觀色，審慎採取行動。

因為有這種幼少期，即使留下記憶，也因有各式各樣的資料夾，若不奮力搜尋就會沉潛深淵，永不再現。

我曾表示最討厭兒童套餐，只想跟大人吃同樣餐點。

有人詢問我最想要的東西時，我的回答是小猴公仔夢奇奇。時而學做小大人，時而有孩子氣的行動，角色不斷切換。我看似利落變化，其實難免有些難以維持心靈上的平衡。

我健康狀況良好，甚至就像母子手冊中的紀錄：「自幼兒期就從不生病，體型纖瘦卻非常健康。從來不會在半夜尿床或哭泣給母親造成困擾，順利成長。」事實上，我每年必發一次高燒，至今原因不明。

發高燒的記憶設置在「電腦桌布」上，立刻鮮明浮現。

隨著父親在日本工作量增加，與母親相偕返日後，只剩我孤伶伶地留在臺灣。

我沒有感冒症狀，卻忽然發起高燒，在傭人照料下臥病在床，恍惚中突然頭暈目眩。半夢半醒之間，天花板開始骨碌碌旋轉、動了起來、逐漸朝我壓了下來。有時棉被就像數百公斤的魔怪，朝我幼小的身軀覆罩而下。

我無法呼吸，痛苦不已，掙扎又掙扎。

天花板和棉被的魔怪消失後，我腦中不斷出現夢魘，我獨自蹣跚走在無窮盡的隧道裡，或被無數蟲子爬滿身。兩三日後，高燒虛幻般盡退，就像一切不曾發生過。

縱使有傭人和親戚代為照料，畢竟雙親不在身邊的生活充滿壓力和寂寞，唯獨這種時期，必然會併發麻疹或水痘。小學高年級後，奇妙的是我再也不會發高燒了。如今成為大人，仍會想起當時棉被的沉重感和壓迫感。令我最驚恐的就是「無法呼吸」。這記憶雖然不至於誇張說是當時造成的心靈創傷，但或許也是高燒後遺留在心底的陰影吧。

我就讀的小學名稱是「復興小學」，這所名門私立小學採取一貫式教育，可一路直升高中。不知雙親為何緣故選擇此校，我只知二叔的女兒就讀另一所名校「再興小學」，父母之間多少帶點較勁心理。

臺日兩地的小學教育相差點，實在是不勝枚舉。

當時臺灣國民黨一黨獨大，黨創立者孫文提倡的三民主義，成為學校徹底實踐的教學方針，並推行填鴨式的斯巴達教育。

三民主義是孫文倡導的中國革命基本理論，亦即民族、民權、民生主義。

我就讀的班級名稱，也以孫文提倡的「忠孝」、「仁愛」、「信義」、「和平」命名。

小學一年級時，我讀的是「義」班，上課時間是從早上八點半到黃昏五點，整日大約八小時課業。早上還有早自習，清晨七點到校後，每日練習一百道數學題目或國語習字。

早自習結束，就是在朝會唱國歌和升旗，接下來要迎戰來勢洶洶的課表。體育課一周只有兩次，學生們個個面容青慘，就像是「豆芽菜兒」。

可怕的是除了上課之外，每天有堆積如山的「功課」。才讀小一，緊湊的功課表，讓人非得超過晚間十點以後才能就寢。「背書」之類的功課不少，萬一記錯或記不熟，老師拿起一根細竹鞭，就朝學生手心毫不留情「啪」的抽一下。感覺奇痛無比，掌心冒出一條蚯蚓腫痕。大家都害怕被體罰，拚死拚活硬背功課。

說起可怕經驗，還有一件值得一提，就是午睡時間。

吃過午餐後，學生們必須強制入睡一小時。

如今身為大人，對午睡求之不得，但對活潑好動的小一生來說，在沒開冷氣的亞熱帶臺灣，真的能硬逼孩童入睡嗎？趴在桌上睡覺，身子稍稍一動，就被巡邏教室的老師察覺，朝背上又是竹鞭一記。若被發現扭來扭去，可會挨打屁股。

我聆聽同學們挨著鞭響，心想：「為何非要如此折磨人呢？」不知不覺也就進入夢鄉。從此我無論身在何處都能迅速入睡，這可能跟小學體驗有關，多少應該感謝臺灣的教育制度。

每到學期末，老師將成績單發給全班六十名學生。頒發順序是從吊車尾的同學開始。愈後面被喚到的學生，表示成績愈優異，大家都希望儘量慢一點被點到名。

總共有八個班級、近五百名學生中，成績最優良的同學，校方會把他的姓名和班級、大頭照貼示在校門旁的公布欄上。

像我這種資質的學生，讀至小學五年級時，也曾有一次機會在公布欄亮相，成為校園最閃亮的名人，猶記得當時心裡很樂。

日本教育則在不認同以成績、排名為至要的風潮下，主張寬容施教。但事實上，以獎賞或排名這種簡白的督促方式，或許更能刺激孩童奮發上進。

就讀臺灣的小學，必須牢記注音符號。先學「ㄅㄆㄇㄈ」等三十七個字母的表音記號，再學習漢字讀音組合成的發音，例如「ㄨㄚ」、「ㄅㄧㄝ」等讀音。從日本人的觀點來看，這些符號看似阿拉伯數字或某種暗號，亦類似韓文字母。

我在臺灣學校裡，學會完全死背的方式。即使不懂其意，反正先一股腦兒記住再說。古詩、九九乘法、歷史，全都一樣。

當時的暑假作業中，最初遇到的是背誦白居易的〈長恨歌〉，至今我還能從開頭的「漢皇重色思傾國，御宇多年求不得」，一直背到結尾「天長地久有時盡，此恨綿綿無絕期」。就算不解詩意，依然琅琅上口。

九九乘法也是以中文背誦，如今在心算時，會無意識以中文思考。像這種幼時記憶固著的效果驚人，讓我深深有感。

當時臺灣沒有營養午餐制度，都是自行攜帶便當。吃便當的方式臺味十足，到校後，把便當放入教室前的便當箱，目的在於保溫。

那種滾燙，不是微波爐「叮」一聲後的半溫半熱，而是像放入熊熊烈火燒煮的釜鍋內，真正熱騰騰「轟～轟～」作響蒸氣直冒的蒸便當。便當盒的模樣，是古早日本礦工攜帶的方型鋁飯盒。

至於菜餚，絕不可能像日式便當一般，放些章魚小香腸和小番茄，或以黑芝麻點綴，在白飯上鋪排作畫。臺式便當只是將幾種菜直接擺在飯上。與其說是擺放，應該說是「隨意撒上」的感覺更恰當，類似雜燴飯的樣式。視覺上不甚美觀，味道卻是天下一品。斯巴達教育在便當時間也不忘執行，飯菜要全部吃光，否則會被老師責罰。

我習慣吃臺式便當，回日本後帶臺式便當去學校，引來周圍同學略感訝異的目光。

在此介紹我在臺灣攜帶的便當菜色之一。

那就是「白飯、排骨、滷蛋、蘿蔔乾、三片鳳梨」。

便當盒裡滿滿的白飯上，放著一塊掌心大排骨。不像是日式豬排裹上厚厚麵衣，似乎是輕鋪一層太白粉再去炸。酥炸十分入味，肉片經過拍擊，質地柔柔嫩嫩。無論是多大片分量，清爽不膩，一口氣吃光光。

排骨周圍放著醃菜蘿蔔乾，添上半個滷蛋，醃菜配料略帶酸味，引人食欲大增，最後加入鳳梨填滿飯盒。

有人說日本料理以視覺美感為重，臺式便當是以茶褐色系為主流，外觀不搶眼，卻風味絕佳。臺式便當是內涵重於外表，彷彿是鄉下婆婆做出的懷念好滋味。

我在小學時有個綽號叫作「野貓」。

「野＝日文的野良ノラ（nora）」和「貓＝日文的ネコ（neko）」，就是流浪貓之意。

我生性活潑好動，不願服輸，連男生都甘拜下風，加上動作敏捷，有一雙飛毛腿。「貓」的發音與我的名字「妙」發音又很相近，於是得了這個綽號。

臺灣的小學課業繁重，校園生活卻十分愉快。

我還有一位心儀對象。

他的名字叫「侯佳宏」，印象中好像很會讀書，是擁有一雙靈動大眼的可愛男孩。

母親知道我對他懷有好感，運動會時幫我們連拍了好幾張合照。真希望日後有機會，能與他見面敘敘舊。

最要好的鄰居朋友是「蔡明穎」，另有一個叫「吳佳宜」的女孩，天生一頭米粉捲髮，像是夢奇奇的造型，留下了我們一起去採橘子和登山的照片。

在臺灣拍攝的旅行照片中有許多重要的觀光名勝，像是日月潭、阿里山、故宮、太魯閣、花蓮、陽明山、九份、基隆等地。

不過無論我怎麼搜尋，就是不見全家四口的留影。

復興小學運動會。

我與7歲的蔡明穎。

吳佳宜。

侯佳宏。

母親與我、姑母，在圓山飯店。
在日月潭，妹妹與我、母親及日本友人「小里」闔家。
與我相處融洽的「黃姐」與我在花蓮的公司。
在陽明山，我與「蔡」司機。
在機場，我與「張」祕書。

竟沒有與父親的合影。即使在臺灣共同生活，卻鮮少機會一起外出。只有在家拍攝的一些照片。父親坐在特定席上，我則跨坐在他肩上。或在父親床鋪上合照，還有在客廳吹生日蛋糕蠟燭的妹妹與我及父親。

我重新拿起這些照片觀看，開始思索「家人」之間的牽繫究竟是什麼？

父親總是擔憂子女，寫來許多信。

母親十分溫柔。

總是與我形影不離的可愛妹妹。

即使我透過自身，與父母、妹妹相連，卻從未切身感受到人與人之間環環相扣的感覺。

這是什麼緣故？是因為缺乏時間性、物理性的聯繫？還是在我主觀上不曾有過那種感受？

父親臺灣的公司就在自宅附近。

午休時他總是返家用餐，睡完午覺後再去工作。晚上多半出門應酬，總是帶一身酒氣返家。

如此情況下，一年之中總有幾天，他會把自己緊緊關在房間裡。

他不上班、不用餐，怎麼呼喚他也不理睬。

我只感到緊閉的房門底縫下，飄出冷氣的絲絲寒意。

父親與外界隔絕時，只肯回覆孩子們從門底塞進去的信件。

「爸爸想吃飯嗎？」

——不想。

「爸爸您還好嗎？」

——還好。

我真想多問幾句，但感覺上不能問。好害怕再追問下去，恐怕連我都不理了。

父親把自己關在房裡短時一周，長則達一個月之久。某日「結界」突然崩解了，他又現身在家人面前。

父親究竟怎麼回事？他在苦惱什麼、思索什麼？

雙親已逝，我無法直接詢問其由。

其實我年僅三歲時，曾發生過一件事，就是母親曾認真考慮要不要離婚。

這件事是母親的高中好友告訴我的。據說母親無法適應臺灣的生活，加上神經衰弱的父親行徑奇異，令她十分痛苦，百般苦惱之餘，才會萌生此念。母親帶著我離家出走，到這位好友家借住了約一個月，試圖逃避一切。

這次逃避之行中，據說我雖年幼，卻懂得對母親察言觀色，她不在身旁時，絕不會給周圍大人造成困擾，變得異常懂事，臉上卻失去笑容。

凡是遇到各種情況，我總要問：「為什麼？」

在母親好友的家裡，我看到自己三歲時的照片，我在生日蛋糕前，確實沒有歡顏。

當時我或許想問：「為什麼爸爸沒有一起幫我慶生呢？」

正如母親在母子手冊的紀錄般，我對大人心思極為敏感，想必是感情纖細的孩子。

因為是不太愉快的經驗，所以我就放入「遺忘」資料夾，甚至按下刪除鍵，讓母親的逃避行徑從我記憶中徹底消失。此後，雙親可能因為妹妹誕生，跨越了這場危機，找出了什麼解決之策吧。

我在臺灣的時候，每逢父母不在身旁，我大概只能找女傭「阿春」作伴。她身軀龐大，單手就能輕輕提起我的小身子，一雙腿粗糙似象皮。阿春性情極為溫和，總是支持愛護我。

阿春盤起腿時，我最喜歡坐在那粗糙雙腿之間，摩挲她的腳沙沙作響。阿春會念繪本給我聽，煮香噴噴的飯菜給我吃。

某天豆漿店的小販照例來我家樓下賣豆漿，我拿提桶去買，提著熱呼呼的豆漿上樓來，半途竟在樓梯上跌倒了。滾燙的豆漿從我左腰一直潑到腳上，我被燙得嚎啕大哭。

阿春就拿「糍糊」厚厚塗滿我的傷口，等乾掉後繼續抹，如此反覆塗了兩天。

傷口隆起水泡，形成疤痕，驚奇的是數個月後，傷口愈來愈淡，最後完全不留一絲痕跡。

阿春還知道許多「老阿嬤的智慧」。我只記得將蛋殼內側的薄膜貼在傷口上，就像保鮮膜般緊緊貼密，可代替ＯＫ繃。

另一位陪伴我的人，就是在爸爸公司上班的駕駛員「蔡先生」。中文的駕駛員又稱為「司機」，我們都稱他是「蔡司機」。下課時，他會來接我回家，途中瞞著父母偷偷帶我去買零食吃。我喜歡坐在蔡司機的正後方，從背後好玩地遮住他的雙眼，惹得他生氣。

我與蔡司機常去買的零食是：

・冰棒

・酸梅湯

・米苔目

二〇一〇年夏天，我因要事前往臺灣中部的雲林。

聽說蔡司機在父親去世後，辭去顏家公司的職務，一直住在雲林。我想與他見面，試著聯繫對方。他在當地仍擔任駕駛員，工作地點是雲林車站前的計程車行。

電話那頭響起令人懷念的聲音：「顏妙！好久不見！」

闊別三十年的重逢。在我記憶裡，那瘦削帶點帥氣的大哥哥蔡司機，如今成了頭髮略稀疏的大叔，昔日的容貌依稀可辨。

然而他那溫和的眼神、說話的方式依舊未變，我坐在車後座，昔日在臺灣的生活記憶再度甦醒。

他帶我去雲林知名的冰棒店，我們吃著冰棒，起勁聊起當年接送我上下學的事情。

蔡司機說起我以前要學習的課業和才藝太過繁重，他為此十分同情。我提到最喜歡和蔡司機一起去玩，當時無法表達的謝意，如今終能如願以償。

我就讀的是從小學到中學的一貫制私立學校。小學五年級時，為了升學就讀附屬中學，課業壓力變得更沉重。稍有鬆懈就無法趕上進度，雙親便聘請家庭教師來指導。

這位教師就是「呂老師」。在臺灣，即使年紀輕輕也稱作「老師」。她畢業於臺灣師範大學，個性溫和。

她陪我讀書、學習書法，也教我理解閱讀之樂。

我與呂老師曾在假日一起去西門町看電影，她告訴我在臺北火車站（今日的臺北車站）附近店裡賣的酸辣湯和鍋貼，恐怕是我今生嚐過最可口的臺灣美食了。這家店如今已歇業。

呂老師在我去日本後，寄來好多信保持聯繫。我高中時到臺灣，曾想與她見上一面，造訪她家時，豈知在不久前她因罹患癌症撒手人寰，我為無法鄭重向這位老師道謝，感到遺憾不已。

我在臺灣人的養育下度過幼少期。

我已融入臺灣這個國度，卻相信母親的適應力，曾受到更大考驗。她在語言不通的情況下，為了父親的名門背景，費心盡力與眾親戚相處。

臺灣人稱呼親戚的方式極為複雜，父方、母方的親戚稱謂亦各有別。

我曾聽臺灣人說起只要記住這些稱謂，就能立即分辨是何方親戚。在日本一律以「叔叔」、「阿姨」通稱父母的親戚，要牢記臺灣的規矩，可說十分困難。

教。

至今我遇到陌生親戚，猶豫著不知如何稱呼時，總以耳語悄聲向叔父、姑母們請教。

附帶一提，在臺灣對雙親的兄弟必須稱呼「伯、叔／舅」，雙親的姊妹則稱為「姑／姨」，對他們的子女則以「堂／表」相稱。引號中前者是父方親戚，後者則是母方親戚的稱謂。

若是叫錯會貽笑大方，尤其是母親身為長媳，不難想像，要求更為嚴格。她為了融入臺灣社會和臺灣親戚圈子，除了在家裡教他們日語之外，還須學習國語、臺菜、刺繡等等。

「箱子」裡有兩冊食譜，是母親在一九七二年時，向臺灣師傅學習臺灣家常菜的筆記。翻開一看，有「蘿蔔糕」、「滷豬腳」等等，這些母親的拿手菜皆是我和妹妹的最愛。

「箱子」裡仍留著母親剛到臺灣時，年長母親十歲的姊姊擔心她生活不易適應，常寄信來問候。

我已收到妳的來信
眼看妳孤軍奮鬥的模樣，令人既心疼又哀傷。
恢復灰姑娘的仙度瑞拉，不再乘坐南瓜變幻的馬車，而是真正的馬車，那是
因為她能不失本心。
馬車恢復成南瓜，
原本就不該忘記初衷。

這次應該會說中文了吧？
下次再教我如何做中華料理。
給和枝小姐

昭和四十五年五月十八日　　次子

還有這樣一封信：

那是我擔心妳，不知情況變得如何才寄那封信給妳，如今我放心了。

總而言之，我瞭解妳的處境艱困，奉勸妳要知所進退，順從教誨。

從這封信來看，可知母親因雙親早逝，將一切煩惱都跟姊姊傾訴。據我所知，母親身為日本人卻毅力過人，為了適應臺灣社會而獨自去菜市場，甚至在殺價時，不惜以日、國、臺三語併用交涉。

一九七〇年代至八〇年代，臺灣只有三家國營電視臺，節目播放的時間也有限制，只有早上、午間、晚間。中間時段的螢幕，會出現「颯颯～」的沙點畫面。全部節目結束時，一定播放中華民國的國歌。

我覺得電視節目比較無趣，總是期待一位大叔每周來家裡一次，為我們拎來一大袋VHS錄影帶，還有《小學二年生》⑪等日本兒童雜誌和漫畫。

在尚無錄影帶出租的時代，有一門生意是將日本電視節目轉拷成錄影帶出租。我必租的錄影帶是：

⑪《小學二年生》：西元一九二五年，日本小學館所創刊的兒童綜合雜誌。

・《猛龍特警隊》[12]
・山口百惠的《紅色系列》[13]
・漂流者[14]
・《哆啦A夢》或《龍龍與忠狗》[15]、《小蜜蜂尋母記》[16]、《甜心戰士》[17]

我們姊妹倆總是立刻看完所有的錄影帶，母親便會責備：「這麼急性子，下周可沒新節目看了。」

儘管如此，我們還是一口氣看完。

我最喜歡的明星是丹波哲郎[18]和若林豪[19]，尤其欣賞那略帶滄桑的男子氣概。

我們姊妹最愛觀賞的是喜劇五人組「漂流者」的表演。

我們不知反覆看過多少遍同樣的節目，我們拿著海苔貼在鼻下，表演鬍子舞給父母看。我們也最喜歡Pink Lady，常模仿她們邊唱邊跳名曲〈UFO〉和〈胡椒警長〉。《小學二年生》的附錄中，我最期待的就是紅顏色的黑膠唱片，可聆聽各種故事和歌曲大飽耳福。但是我和妹妹起爭執時總把它折壞，一下子就不能聽了。

在臺灣生活雖留下唯有課業至上的灰階色調印象，但家裡瀰漫日本氣息，彷彿是黑膠唱片上的豔紅，色彩燦爛鮮明。讓我身處在只需使用日語的環境中，不會胡思亂想，感覺真好。

我的心為了在臺灣該以何種語言表達而充滿困惑。

父親的心困在房間的森冷氣息裡。

母親的心為了融入臺灣生活而努力不懈。

妹妹的心純潔無染。

我感受到這四顆心不是同心圓，而是微妙的重疊、分歧。

⓬《猛龍特警隊》：亦稱《G-man'75》，日本TBS電視臺於西元一九七五年首播的警探連續劇，由丹波哲郎等人出演。

⓭《紅色系列》：日本TBS電視臺與大映電視臺聯手製播的懸疑連續劇，西元一九七四年首播，其中多部作品是由當紅女星山口百惠主演。

⓮漂流者：一九七〇、八〇年代由碇矢長介、志村健、加藤茶、高木布、仲本工事共組的喜劇演員團體，曾以《八點！全員集合》等綜藝節目紅極一時。

⓯《龍龍與忠狗》：西元一九七五年於富士電視臺播出，劇情描述少年龍龍熱愛繪畫，卻因家境貧困無法達成心願，最後與愛犬過著漂泊生活的悲慘故事。

⓰《小蜜蜂尋母記》：西元一九七〇年於富士電視臺播出的昆蟲卡通，原本過著寄養生活的小蜜蜂決定尋找生母，途中不斷遭受欺凌，內容賺人熱淚。

⓱《甜心戰士》：西元一九七三年由東映動畫製作播出，女主角是人造的生命體裝置，可自由驅使各種武器打擊惡黨，屬於動作類少女卡通。

⓲丹波哲郎（一九二二－二〇〇六）：長年活躍於日本影壇的實力派男星，七〇年代以警探角色走紅，演技備受歡迎。

⓳若林豪（一九三九－）：主要活躍於七〇、八〇年代的影視男星，在連續劇《猛龍特警隊》中飾演警探角色。

或許只要去日本，應該就能成為同心圓吧。

我希望自己多少更能明確表達內心想法，也能成為別人可倚靠撒嬌的對象，開始盼望著某天日本的繽紛生活到來。

我要去臺灣
我要回日本
我屬於哪裡
由自己決定

緊閉的房間

（左）父親與病魔困鬥期間，母親寫下的日記。
（右）我與父親最初也是最後一次的滑雪之旅。1984年，攝於白馬八方尾根。

展開雙手
得到幸福
收一隻手
失去自己

父親十歲赴日，一直居住至十九歲，在東京完成學業。

因父親在異地舉目無親，顏家讓年紀最大的胞弟伴隨出國，還有負責教育及管教兩兄弟的女傭同行。父親自幼患有氣喘，祖父母憂心他在家鄉會受到嚴重溼氣的影響，才決定送他去日本。況且父親身為長男，必須繼承家業，將他送去日本接受教育，可將家族的礦山事業拓展到東京作為據點，並交由父親承擔。

父親在東京生活了一陣子，進入學習院中等科[20]就讀。一九四五年，他的住處遭遇東京大空襲而焚毀，只好寄宿同學犬養康彥[21]的家中。犬養邸位於信濃町，犬養康彥是戰前擔任日本首相犬養毅[22]之孫，亦即戰後任職法務大臣的犬養健[23]之子。父親在學習院中等科時，與康彥先生是好友，有關父親與犬養家的奇妙因緣，將在後文詳細敘述。

第二次世界大戰後，父親一度返臺，回東京進入早稻田大學礦山學科就讀時，又再度長居犬養邸。犬養邸遷至澀谷區神山町，父親也轉至神山町附近的松濤租屋。母親婚後最初就是住在松濤，並生下我。

我對松濤的舊家毫無印象，只剩保存在「箱子」裡的照片。

這棟方形二樓洋館外觀是藍色的，庭間植了一株大樹，傲岸而立。母親在樹下抱著我。房子庭院的造型，算是舊時的摩登設計。

某次，我想再瞧瞧這幢房子，去了一趟松濤，卻發現已成空地，寬廣而遼闊。這或許理所當然，房子不見了，只保留空地也聊以堪慰。又過了數年我再度經過時，發現已經重建為一棟嶄新的華宅。外觀像是《愛麗絲夢遊仙境》裡的建築，似有撲克牌衛兵守衛，裝設著金、銀、黑色柵欄和中世紀歐風門扉。與其說是奢華，不如說是略帶俗氣，令人頗為失望。我無法認同在家門前擺一尊飛馬雕像，或喜愛大理石、金色

⑳ 學習院中等科：西元一八七七年（明治十年）創立，主要為貴族及華族子弟所設的舊制私立中學。

㉑ 犬養康彥（一九二八—）：學習院大學文政學部政治學科畢業，進入共同通信社任職常務理事等職，西元一九九三年，擔任該通信社董事長。

㉒ 犬養毅（一八五五—一九三二）：明治及昭和時期的政治家，歷任內閣總理大臣、外務大臣等要職，因海軍軍官發動五、一五叛亂事件而遭暗殺。

㉓ 犬養健（一八九六—一九六〇）：犬養毅之三男，政治家，歷任眾議院議員及法務大臣等要職。

建材之類的趣味，這彷彿是我無法理解的推理小說。我總覺得很老土。

父親很喜歡松濤的摩登洋館，屢次請房東割愛出售，最後未能如願，只好改買目黑區自由之丘的大廈。

三房兩廳加上廚房，比臺灣的居家空間略小，地點離地鐵站很近，交通倒是十分便捷。

一樓入口旁是管理員住處，他總是「咚咚咚」揮著鐵鎚，替各戶修理房間或處理事務，大家都稱他是「咚咚叔」。管理員個性和善，母親外出時，我總是到他家裡，和他飼養的柴犬五郎玩耍。

購買這間房子時，我們全家的生活重心仍在臺灣，待學校放寒暑假才與母親一起來日本，在這個家裡生活。東瀛四季分明，春遊賞花，夏有海水浴場和剖西瓜遊戲，秋是溫泉賞楓之旅，冬打雪仗，不同季節有不一樣的回憶。

我是愛打破砂鍋問到底的孩子，如今亦然，自幼這個毛病不曾改變。

每次到日本與姨舅親戚們玩耍，總是「為什麼」、「為什麼」、「為～什麼」的問不停，最後惹得對方生氣。

最關照我的，就是比母親年長六歲的阿姨夫婦，他們住在埼玉縣。我喜歡去他們家，甚至待到母親來接人，都難分難捨地放聲大哭。

我們也常去拜訪住在神奈川縣的另一位阿姨，比母親年長十歲。姨丈是教師，言談嚴肅而好說教，讓人想親近也難。我印象深刻的是阿姨家有一座噗通糞池，就是沒有化糞池的舊式廁所。這種糞池很罕見，深不見底的淵藪裡究竟藏些什麼，讓我好奇無比，編織種種幻想。

比方說，如廁時會被沉潛糞池底下的怪物咬屁股，或只要忍受糞臭努力潛游，最後便能通往哆啦A夢時光機的異次元世界。

糞池前懸垂著樟腦丸，融混著池洞冒上來的薰臭中，把我從空想拉回現實，將臀部擦拭乾淨。

某年颱風時節造訪，遮雨板喀達喀達聲中，我擔心自己連屋子一起被颳跑，心裡產生恐懼，從此不喜歡去作客。

一九七六年，六歲的我有了妹妹。母親在自由之丘附近的醫院生產，父親為工作滯留臺灣，只有阿姨們協助孤單的母親。對我來說，妹妹誕生就像得到了一個「玩偶」。

我最喜歡替襁褓中的妹妹換尿布。抓住、併攏她亂舞的雙足，她小屁屁上長著蒙古斑，十分新奇，伸指戳戳她的肛門，把腳來個一百八十度大開。母親訓道：「別老是碰不該碰的部位！」如今想來，我對人體懷著強烈的好奇心，大概是從那時候開始萌芽的吧。

妹妹出生後，一家四口在自由之丘的家變得侷促，父親在世田谷區的等等力購下獨棟住宅。兩層樓的新家有庭院，另留數間空房備而不用，顯得寬敞許多。

從臺灣偶爾返回日本生活，留下的都是「愉快」的回憶。例如美味的西式甜點、漫畫、遊樂園、和善的親戚、只需講日語的環境。在臺灣聽過Pink Lady的〈變色龍軍團〉之後，覺得自己的處境就像是變色龍。說起原因，畢竟在臺灣為了融入周遭環境，必須不斷努力讓自己穿上保護色。在日本就無此必要，無論做什麼都感到輕鬆、暢然。

某天父親問我：「妳想去日本嗎？」

我不解他的用意，卻不假思索回答：「想！」

一九八一年，全家開始在日本生活。父親似乎決心在日本定居。我的明快答覆，可能成了最後一道助力。

我不記得學校的離別致詞，也不記得朋友們為我開過「惜別會」。遷居日本的印象也模模糊糊的，我只懷著平時去日本旅行的感覺離開臺灣。

父親依舊是空中飛人，來往於日本和臺灣兩地，等他在日本安頓下來，已是許久以後的事了。實際上，主要是我們母女三人在日本展開新生活。

全年中，臺灣充滿了生機盎然的悶溼暑氣，加上車輛排放的煙味、加油站汽油味、路邊攤小吃的香味等等，瀰漫各式熱鬧紛雜的氣息。從這樣的地方，突然轉換到空氣清澄、飄著乾爽氣息、感覺整然有序的日本。

最初改變的是我的姓氏，為了適應當地生活，將父姓的「顏」改為母姓「一青」。

「一青」這個姓氏在日本很罕見，是源自於石川縣。能登半島的鳥屋町有稱為一青的地區，母親祖籍就在此。我讀高中時，母女三人一起去鳥屋町，沒有找到任何一位姓一青的人，電線桿上卻有「一青」的住址標示，或是「一青公民館」。我心想若住在此地，就不會有人念錯我的姓氏了，心情不禁振奮起來。

改變姓氏後，我產生了一種奇妙的感覺。原本慶幸筆畫少了，初嚐片刻的歡喜，慢慢又發覺大家對我的姓氏，從來沒有正確發音成「ひとと（hitoto）」。

無論到何處，總被叫成「いちあお（ichiao）」或「ひとあお（hitoao）」「いつせい（oitsusei）」，人生至今，我不斷糾正姓氏發音的苦難人生正要開始展開。

我是中途被安插進入目黑區區立小學，這所小學積極招收歸國子女，必要時也實施課後補習，妹妹是念鄰近寺院的附屬幼稚園。

日語對話對我來說並不困難，問題在於漢字。我在臺灣學習中國文字的傳統書寫方式「繁體字」，這種字體與日本漢字經常不相符。

例如以下的漢字：

國（＝国）

數（＝数）

學（＝学）

圖（＝図）

壹（三一）

就因為如此，我無端受到同學們的責難，說我是「不懂漢字還裝懂，真討厭」。同學裡有一位是來自美國紐約的歸國子女，她堅決表明己見，被欺負也非要抗爭到底不可。我的情況是就算我據理力爭，也覺得得不到認同，最後還是作罷。其實內心滿討厭自己沒骨氣，不像那個小孩敢向對方吐露不滿、只會默默隱忍了事。

不過，臺灣的「變色龍．妙」開始相信，只要到日本就可以變身成勇於表達己見的人。環境變遷是絕佳的機會，只不過第一次機會已成泡影，我就把這種環境適應力反其道而行，既然姓「一青」，便從日文發音取了「荳荳（toto）」的綽號，讓自己完全融入班級，成為團體的主要成員之一。

日本的小學生活，日日充滿驚奇和發現。

首先是營養午餐。在臺灣是吃便當，日本的營養午餐則是從塑膠袋中取出柔軟麵條，攪拌肉醬一起食用，這種吃法很有趣。還有咖哩飯、牛肉燴飯等種類豐富的選擇，不久我就迷上了營養午餐。從豆芽菜兒的蒼白清瘦，搖身一變成為健康寶寶。體重直線上升，大腿外膚趕不上身體的茁壯速度，至今還留著生長紋的痕跡。

體育課的內容也讓我覺得不可思議，尤其讓我困惑的是，以前念小學時，我從未碰過「單槓」和「跳箱」。大家雙手吊住單槓，突然「骨碌骨碌」繞著鐵槓翻轉起來，真讓我瞧得一頭霧水。眼看大家在體育館高高疊起白木箱，又令人不知所措。不久之後，我開始熱中競技體操，我拿手的單槓項目是「連續翻轉」，擅長的跳箱項目則是「魚躍前滾翻」。

在班上，我經常說些莫名其妙的話，惹得同學啼笑皆非。首先是社會科的歷史課上，突然被老師問起憲法或明治時代的問題，我簡直不知所云。三明治在臺灣是指「sandwich」，我誤以為明治時代跟三明治有關，結果被大家取笑了一頓。時至今日，我最缺乏的還是日本史的相關知識。地理也是我的棘手科目，待我長大後常在日本國內旅行，閱歷逐漸豐富，然而過去卻曾深信種子島就是葡萄牙。

某次課堂上，老師叫我「指出倫敦在哪裡」，我獨自朝著美國地圖奮力搜索。歷史方面，我較有把握說出平成之前是昭和、大正、明治時代，對這部分信心十足。說到歷史人物，大致只對藤原家或德川家有某種程度的理解（誤解）而已。

我和妹妹在小學時模仿Pink Lady，玩任天堂紅白遊戲機。也會跟一般姊妹一樣發生爭執，感情十分要好。

妹妹總是穿我穿過的衣服，而我永遠穿新衣，我一點也不在乎母親說什麼「做姊姊的要忍耐」、「妳是姊姊，要讓妹妹」之類的話，反而覺得長女比較占便宜。

小學時代轉眼結束，我進入接受歸國子女的學習院女子中等科就學，昔日父親也就讀此校。

關於入學考試，我仍有些許回憶。

考試科目中，有一項要求歸國子女以母語作文。我的母語當然是中文，考題是一幅畫，從觀畫自由抒發個人感想。稿紙格式是橫式，周圍考生拿到後立刻開始沙沙振筆疾書，我卻沒有橫寫文章的習慣，一時不知如何是好。

我舉起手要求改用直式稿紙，監考老師們一陣驚慌。其實歸國子女除了我之外，全部來自英語系國家，校方自然沒準備直式稿紙。日後我聽說國中部和高中部沒有老師會中文，我的作文只好請學習院大學的中文教師評分。

考題圖畫是「一個正在讀書的小孩，身旁站著大人」，我便寫了一篇感念恩師的作文。臺灣的儒家思想教育，徹底教導孩童必須恭敬父母，盡忠義、盡孝道，兒童的文章表現手法成了北韓新聞稿般的辭溢乎情。

「父母恩比天高、比海深，子女思親之情堅如磐石，屹立不搖……」作文中如此溢情誇張的寫作方式非常普遍。

至今我仍保留小學四年級時，親筆寫給母親的中文信：

親愛的母親：

母親，一年一次的母親節到了，我在這封信裡，有千言萬語要告訴您，希望我所寫的每一句話，您都能原諒我，也希望您能夠諒解我。

母親，每當放學以後，我總是不聽您的囑咐而惹您生氣。母親您辛辛苦苦做出來的每一餐，我不吃而吃麵包，您每次再三的希望我身體健康而夾菜給我吃，但我卻不吃。

母親，您每天含著一顆希望自己的子女樣樣好，而不顧自己的青春，來照顧在我們的身上。母親，您每天無微不至的照顧我們使我們得到母親的溫暖。

母親，我要告訴您，我要告訴您，我以後絕對不會再有使您傷心的事了！

敬祝

媽媽永遠健康幸福

女兒　顏妙上

我讀小六時，寫過一封中文信寄給在臺灣的父親，內容大致如下：

親愛的爸爸：

您好嗎？自從您走了以後，已經快要一個月了。這一個月當中，女兒不知道已經想念過爸爸您幾次了。女兒現在唯一只希望爸爸能平安無事的回到日本，再過以往的甜蜜家庭。

女兒在日本的學校一切學業與品德差不多都可以跟上了！爸爸回到日本時有好多的考試卷要給您看。告訴您我進步了！還有，爸爸還記得二月十四日是我們小學校樂器指導的演奏會嗎？我在拉小提琴，老師還說我剛開始學就有這麼大的進步呢！

只可惜爸爸不能來聽我們的演奏，可是春天也有像這一次的演奏會。這一次女兒非得把爸爸您拉來聽哦!!

敬祝

健康快樂

一帆風順

女兒　妙敬上

日本小學生若寫出這種內容，家長或老師恐怕會擔心，不知這學生哪根筋不對勁。我就以這種寫作風格赴考，結果出乎意料，老師對我的評價是：「多麼感情豐沛的優良小學生啊」，既然被誤解成好印象，就順利過關了。

我是臺日混血兒，卻生著一副東洋面孔。念中學時，感覺來自西方國家的同學外貌格外引人注目，一口流暢道地的發音，令我不勝羨慕，不免哀嘆雙親並非來自英語系國家。

當時中文並非主流，我逐漸不想提起自己是歸國子女。身為混血兒卻不會講英語，外表與一般日本人又無異，「變色龍．妙」完全成了日本人色調，也錯失了改變自己的機會。母親請家教來指導，以免我忘記特地學會的中文，但我心裡頗為排斥，不斷嘀嘀咕咕，最後母親只好作罷。

在日本生活後，我和妹妹以學校生活為重心，父親在臺灣工作，大家彼此朝不同方向發展，但是原點總是母親。以母親為中心，維繫著父親、我和妹妹。我認為這就是我們家的形態，相信從旁人眼光來看，一定認為是個美滿家庭。至少我們姊妹都過著無憂無慮的日子。

並沒有歷經太久時間，這樣的家庭便受到「病魔」陰影的侵入。

「箱子」裡放著幾本記事本。

我猜想究竟是什麼內容，打開一看，頁頁填滿了母親的字跡，頓時傳來一種非比尋常的緊張氣息。

這是母親的日記。

父親病逝後，我才知道這本記事本的存在，這是母親為了製作父親的追悼集而謄寫的日記。當時我並不以為意，母親在尚未完成追悼集前離世，我也徹底遺忘了這些記事本。

這些本子有的封面是米老鼠或圓點圖案，也有KOKUYO品牌的B5型筆記本。封面號碼從一號編至七號，詳細記錄日期。本子多處貼滿便利貼做記號，或是未寫完的便條紙以膠帶貼上，裡面凝聚了母親隨心記下的片斷，或當時的心情，一目瞭然。

母親是如何面對父親生病的打擊，藉著寫日記為自己打氣呢？從發現父親罹患癌症之日，到他五十六歲辭世前兩日的一九八五年一月十七日為止，幾乎都記下了每日的心路歷程。

從箱子取出本子，我翻開第一頁。

首篇是母親得知父親生病時的錯愕。

一九八三年十月二十六日

PM5：00

米山醫師來電。

「啊，一青女士，顏テキ㉔（ganteki）的胸部X光片發現肺部異常，胸腔一片漆黑喔！病情非常嚴重喔。極有可能罹患粟粒性肺結核或肺癌！總之明天千萬別趕回臺灣！有一位東京女子醫科大學的肺病權威醫師，明天會來我這裡取胸部X光片，後天叫顏テキ去女子醫大，可能會要求他立刻住院吧。」

「最近咳嗽量變多了嗎？有痰嗎？」

「每天都有痰。最近晚上變得常咳嗽，正在留意這種狀況。」

電話掛斷後，我心中一陣強烈悸動，無法保持鎮定。根本無法冷靜下來，就拿窈穿去遠足的運動服，到自助洗衣店送洗。

「肺癌」這個字，在腦海中不斷出現。

我猶豫著是否該繼續讀下去。內容實在過於沉重，感覺上似要將我不願想起的回憶連根掘起。

直到父親病故為止，約有一年半的時間我可說是日日煎熬，印象中唯有「忍耐吃苦」一詞足以形容。長久以來封印的記憶，是至今自己最想理解的事，我決心讀下去。

㉔ 顏テキ：「ガンテキ」的漢字寫為「顏的」，意思是「顏先生那樣」。是作者父親自取的綽號，作者父親的眾友人也如此稱呼作者父親。

那個時期、那一瞬間的紛然思緒，與母親在筆記本中的文字紀錄重疊，自內心深處滿溢而出。等到我回過神來，發現自己正在慟哭著閱讀日記。

父親在五十五歲時罹患癌症。

大約在二十五年前，癌症治療技術不如今日先進，一般認為罹患癌症就等於被宣判死刑。從家屬的立場來看，是否告知病患本人罹癌則是一大考驗。

父親嗜愛閱讀，屬於懷疑主義者，凡事非追根究柢否則不肯罷休。

母親在日記中，記錄了部分父親對連日診察感到疑惑，吐露心聲的始末（以下日記中的「顔テキ」及「民」皆是指父親，「和」是指母親）。

一九八三年十一月十二日

實在煩透了。

我可沒那種崇高精神！

誰要當醫生的白老鼠啊。

哪有可能拿自己的身體去做癌症分析實驗！

萬一知道得了癌症，我寧可去滑雪。

就此一了百了。

相信父親可能是，不，一定是知道自己來日無多，開始思考如何走完剩餘的人生旅程。

我祖父正於此時病故，父親身為臺灣屈指可數的名門長男，必須繼承家業，無法有空留在日本接受精密檢查。檢查中斷後，我和妹妹被交由阿姨照料，雙親匆匆趕赴臺灣，祖父喪禮結束，兩人才返回日本。

我們姊妹被託給阿姨照顧時，絲毫不知父親病情嚴重，只知「阿公」過世。我們全家四口的「正常關係」，到此為止。

醫師自醫院來電的日期，是一九八三年十月二十六日，直到父親忌日一九八五年一月十九日為止，這四百五十一天的日子中，我們全家再也無法恢復往昔的和諧，父親從此與我們漸行漸遠。

此後日記中，痛切記載了母親苦惱著是否應對父親告知罹患癌症的事實。

一九八三年十一月十三日

夜裡，大家圍著火鍋愉快用餐。
為妙、窈啪擦啪擦拍了好多照片。八點半，搭計程車去醫院。
從車後座望見的背影，是如此寂寞。

一九八三年十一月二十日
傍晚，給犬養先生打了一通電話講了很久，詳細敘述目前的情形。
民提出請求：
總之我有要事必須處理，不管什麼結果，都要告訴我真相。

一九八三年十二月十七日
與教授會面。
兩肺都被癌細胞侵襲了。
無法動手術，宣告無法活過一年。
我雖有心理準備，面對一年這句話仍感到茫然。
帶著滿臉淚痕在樓下餐廳啜飲咖啡，心情逐漸恢復平靜。

回到民那裡，在醫院休息室待到六點。已許久不曾感受這種痛切之心，聊著無關緊要的事。

我怕一個人哭了起來。

確定是肺癌絕症後，不僅是母親，連對父親個性十分瞭解的眾親戚友人，都一致認為父親若得知病情，恐怕會自尋短見，便痛下決心隱瞞全部病情。

對於我和妹妹，則沒有告訴我們父親罹癌的事情。

我以十三歲孩子的本能，積極想瞭解事情的來龍去脈，有時站在房間外偷聽訪客的談話，試圖從隻字片語來推測。

我偷聽的模樣，根本不像市原悅子主演的連續劇《女傭的見證》[25]般，可以恰好抓準時機句句聽得明白。但心裡總想瞭解一下內情，便扮起偵探，在家裡四處搜找線索。某次我獨自在家，從客廳電話桌的抽屜中找出一臺錄音機，內附九十分鐘錄音帶，我想：「莫非真的有線索」，趕緊按下播放鍵，果然傳來熟悉的對話聲。

[25]《女傭的見證》：西元一九八三年在朝日電視臺首播的懸疑電視劇，由實力派女星市原悅子主演，描述一名女傭潛入上流家庭竊聽家族醜聞並加以揭發，反映出社會上層結構的眾多亂象。

那是母親與犬養先生及醫師之間的談話，我不懂艱澀的醫學術語，唯有「大概再維持一年」這句話，從擴音器中清晰傳出來。我不記得是否聽完長時間的對話，總之我不想被發現隨意偷聽，於是匆匆倒帶後就將錄音機歸放原處。

從錄音談話中，我終於明白父親罹患癌症，只剩一年的人生。

但是，我沒向母親求證，我想即使詢問也得不到答覆。何況母親自有其考量無法說明，我便不再深入追究。

我對父親的病情佯裝不知，決心要盡一己之力支撐這個家。

此後，母親尋求今日所謂的「第二意見」，抱著一縷希望，將父親從東京女子醫科大學轉往國立癌症中心。

轉入癌症中心後，診斷結果也是一樣。當母親拒絕告知病情時，父親便開始徹底頑抗。

父親採取了完全漠視母親的做法。

對母親的詢問一律不理不睬，對她做的菜餚一口不沾。

父親對妻子完全不聞不問，卻願意答覆我和妹妹所問的同樣問題。自然而然，我們姊妹成了「傳聲筒」。

如此做，只為了彌補父母之間失去的對話。

我們這個家庭，成了雙親意思必須完全透過孩子溝通的「異常關係」。

一九八四年一月十九日（轉入癌症中心後）

早上開始下起大雪，無法去醫院，TEL聯絡。民拿起話筒，一聲不吭，只聽我講述要點。

一九八四年一月二十二日

午後，民打TEL，要求妙來聽。說是希望有人去取兩個香瓜才打TEL。妙說媽媽也一起去，結果遭到拒絕。

兩點半，母女三人去醫院。我帶去的食物一口都不肯吃，依舊對我不聞不問。誠心誠意為他做的飯菜全被擱在一邊，我感到怒火中燒。深深陷入莫名的失落感中。

一九八四年一月二十七日

自己想做的事只肯告訴護士，根本沒把我放在眼裡，教人顏面盡失。完全無視於我的存在。

從十二月十七日起，歷經雙親無交集的最後對談之後，父親就此展開了「無言抵抗」，如此度過一個多月。

我將母親交代的事轉告父親，記住他的答覆，回家再稟告母親，把這一切當作是往返於醫院和家庭之間的傳話遊戲。

起初我是抱著好玩的心情擔任「傳聲筒」角色，心裡想著不過是一場小吵架嘛，只是心情不太好吧，大概鬧一下情緒就和解了。大概只是一下子、一下子、一下子……可是，情況總是不見好轉。

怎麼會演變成這種局面？我認為不該去碰觸這個問題。擔心若去觸動，恐怕會就此失衡、瓦解。母親扮演著「平時的媽媽」，我則扮演「平時的小妙」。一家人各自拚命掙扎，維持表面的平靜。

一九八四年一月三十一日

妙獲選擔任戲劇中的主角，將這件大大歡喜的事告訴民。
每天過著只能讓孩子們打TEL給民的日子。

這篇日記，倒讓我想起自己曾拚命爭取參加學習成果發表會舉辦的戲劇選角，劇名是「達磨娃娃與小雷公」。那時同學們選出最佳劇本和表演者，還舉辦了徵選會。我很不喜歡達磨娃娃要穿胖嘟嘟的玩偶裝，當然希望演出「小雷公」。（後來得知原作繪本的小雷公只穿一件內褲，猶記得當時自己驚惶失措的樣子。）

最後一關審查，題目是表演「把自己當成男孩，打開門衝進去嚎啕大哭」，我力道太猛，真的摔倒哭出來。就在此刻，我心底蘊藏的演員細胞忽然蹦出芽來。

一九八四年二月六日

懷著一絲希望，心想今日民應該願意跟我交談，就去了一趟醫院。結果依然故我。寫給民的信，實在無法親手交給他。

一九八四年二月七日

讓孩子跟民說話，觀察民的反應。

一九八四年二月十二日

若知道病名，他會有何反應？我左思右想，實在輾轉難眠。

如果我說出真相，他就能瞭解我的苦衷，可打破目前的僵局。可是我真的好害怕民會想不開。

雙親的關係依舊毫無交集，我已經很習慣當傳聲筒了。

另一方面我隱約覺得，父親既然那麼迫切想知道病情，最好還是據實以告比較好，這樣才能化解危機，讓誤會得以冰釋。

一九八四年二月十五日

與犬養先生會面。

聽我吐露漫無重點的怨言。

也談起民到犬養先生家寄宿時期的事。

戰敗後，民只留下一句：「原來我不是日本人」，就撤回臺灣的事。還有民因心靈受創導致雙眉全部脫落，為此包紮繃帶的事，造成民日後性格改變等事。

我則說起民是患病者，是否該告知一切真相，但此時我還沒有充裕的心理準備。

回家後，妙已就寢，留下字條：

「媽媽，小窈說希望您啾她一下啦！

我已經洗好碗了，萬一沒洗乾淨就抱歉了喔。」

這夜，讓我思緒紛飛難以入眠。

母親日記中最常提到的人物，就是父親念學習院時期的同學犬養康彥先生。父親在日本時期，與犬養先生一起生活、行動，交情長達四十年，可說是最瞭解父親的人。母親得知父親罹癌後，最先告知的就是犬養先生，我相信她已徬徨無助到了必須倚賴這位舊識的助力。母親努力奮鬥，希望藉由犬養先生的協助，設法挽回陷入異常的家庭關係。

犬養先生是一位身軀矮小、面帶微笑的和藹大叔。說話時目光敏銳，面對他的目光，會感到一種被洞悉的神祕威嚴和威迫。

平時向來是母親支持我們的日常生活，如今她長時間外出，由我照顧妹妹和分擔家事的機會也漸增加。縱然花費時間較多，但雙親既不在家，我自然意識到該由「自己」來守護家庭，感覺上自己比同齡孩子更為早熟，因此感到自豪。

我從錄音帶中得知父親只剩一年生命，卻絲毫不能理解這代表何種重大意義。若是在今日，我當然能領悟父親即將不久於世的事實，還想為他做更多更多事情，完成某些心願，也應該更能成為母親傾訴的對象。

然而當時我只是中學二年級學生，到學校就融入日常作息，整天中，有半天以上不曾想到患病的父親。

一九八四年二月十七日

或許跟民說出真相，對他比較好。這樣他就能去爬最喜愛的山，與我們毫無遺憾的訣別，這樣是比較恰當。但我現在根本沒有勇氣能含笑與他送別。

一九八四年二月十八日

早上起床一看，屋頂庭樹皆是皚皚白雪。民突然沒打電話就返家，換成睡衣穿起長靴，走到庭院踏雪。逐一眺望庭樹，仔細走遍院子各個角落。雙腳踩得好深，睡衣長襬埋在雪中。大約踩了十分鐘。寂寞的背影依舊一樣。

妙和窈拿出雪鏟，說要堆雪窖。

民取出相機，頻頻拍照。

和眼看這光景，就外出去買東西。今日正好有活生生的大瀧六線魚，就買來做生魚片。還買了針魚、鬼鮋。以臺菜做法處理九孔，稍微蒸煮，再以香蒜和茗荷快炒一下，再淋些醬油。輕炙柳葉魚。酒是新潟產的清酒辛口菊水。他照樣一語不發，連飲約七百毫升。涼拌鴨兒芹、嫩煮款冬、醬油清煮蜂斗菜、炸油豆腐味噌香蔥捲。所有菜餚被吃得一乾二淨。

今日懷著淡定的心情入眠，真不可思議。

一九八四年二月十九日

早餐後，民與妙、窈繼續堆雪窖。

蒟蒻、胡蘿蔔、牛蒡，再加入昨晚吃剩的生魚片做成味噌湯。

醬炒牛肉牛蒡、醬烤鰤魚、涼拌青蔥，全部吃光。

不聞不問寧靜度過一天。

晚餐，鮟鱇魚火鍋、酒蒸鮟鱇魚肝、蜂斗菜芽、龍牙楤木芽、紫蘇葉天麩羅。津津有味吃完烤雞肉後，八點半回醫院。母女三人到玄關送行，揚聲對他說路上小心。

他從頭到尾都不肯搭腔。

雪和雪窖、酒、火鍋。

這一天發生的事，我即使沒讀母親的日記，也深深烙印在我腦海裡。

學生時代的父親曾參加登山社。夏日攀峰，冬季滑雪，極熱愛山岳。他堅持不肯吃母親做的菜餚，卻多虧父親最愛的雪，就在這下雪的短短兩日間，竟願意嚐母親做的家常菜。

從日記中的菜單看來，我重新發現原來母親為父親做的各式菜餚，其實皆是和食。

以臺灣為據點生活之際，母親做中華料理，但對於父親的下酒菜，則是一定煮魚或涼拌菜之類的和食。對於長年在日本生活的父親來說，日語堪稱是「母語」，「和食」則是「母國之食」。

在臺灣有句俗諺：「要抓住男人的心，先要抓住男人的胃。」為了吸引男性，擅長廚藝成為一大助力，母親在這方面深得父親之心。

深獲父親歡心的菜餚，是否能幫得上忙，結束雙親的這場意氣之爭呢？如此一來，我就可以免去「傳聲筒」的任務了。

當時的我，祈求著：雪啊！永遠、永遠下不停。

一九八四年二月二十一日

考慮是否該告訴民真相，依舊是哈姆雷特的心情㉖，拿不定主意。

㉖ 哈姆雷特的心情：莎士比亞的名劇《哈姆雷特》中，哈姆雷特王子為了是否該為父親報仇而猶豫不決，而有名言：To be, or not to be. That is the question.（該如此做，還是放棄，這是問題所在）。

一九八四年二月二十九日

中途將醫院伙食改為私家菜，民不吃的，我就替他吃。補充烤魚、鮮蔬。

這種感覺很好，早就該想到才對啊。

明天準備不同的菜色去吧。整個人都提起勁來了！

母親為無法下定決心告知真相而苦惱不已，同時還必須忍受父親的冷漠以對，甚至不惜更換醫院伙食，努力設法讓他吃家裡做的菜餚。我當時對母親的辛勞一無所知，看到日記時，才重新體會母親的堅強和溫柔。

當時母親是四十歲，正好是我目前的年齡。如今的我，是否能有母親的一半堅強？

一九八四年三月七日

接受了三次治療，胸部X光片結果顯示治療無效，繼續診療也是枉然。

一邊肺部幾乎無法呼吸，另一邊是2/3毀損，出院自由生活比較好。

總之讓他自由度過餘生。

他滿心疑惑，逼問醫生是否罹患癌症。醫生不知該如何說明才能讓他信服，為此大感困擾。

一九八四年三月九日
出院。返家。究竟能一起再住多久？

父親持續往返於醫院和家中，卻因宣告治療無效，最終返家生活。在家裡每日到了用餐時間，母親必會詢問他：「今天想吃什麼？」他總是固定幾個答案：「去買外帶」、「出去吃」、「買回來吃」。父親從來不提全家外出用餐，只有我或妹妹隨行而已。每個答覆，都讓我不忍心向母親轉告。

父親房間在一樓最裡側的和室，沒有門鎖，只是一扇拉門。只要母親願意，隨時都可打開它。然而，那道拉門似比鉛門還沉，流露父親頑固的意志，不讓任何人接近，一直深深緊閉著。

除了父親，唯有充當傳聲筒的我們姊妹才能拉開門。自從他出院後，門扉日趨沉重，有時連我也只能隔著拉門說話。妹妹年紀還小，會任意拉開門，天真的搖搖晃晃走進房間，與父親嬉鬧玩耍。

我在如此情況下，迎接春假的到來。

一九八四年三月二十五日

民對妙說，五月連續假期想去滑雪，妙來轉告此事。

我叫她去說，現在正值春假，不必向學校請假，不妨現在就去。

妙和民七嘴八舌討論一番，不斷來問我意見。明天決定去買滑雪板。

妙說媽媽不去，她也不去。完全透過妙傳話。我沒必要跟隨，妙和窈都說希望媽媽一起去，最後我也同行。

一九八四年三月二十八日

搭乘特快車「特急梓號」前往白馬。

一九八四年四月三日

民以流暢之姿緩緩滑行。可能過於疲累，中途幾度休息。看得出他氣喘吁吁。

夜晚，民在酒酣之際，忍不住吐露心聲。

他說醫生這種人，得知病人罹患癌症時，反而會變得支支吾吾。又說至少趁身子能動彈時，希望像這樣與老朋友見個面等等。

我悲從中來，無法與他同處，悄悄回房間，在床上痛哭起來。

這是全家團聚的最後一次旅行。對我來說，也是此生與家人共度最難忘的回憶。父親帶著我們姊妹到神田的滑雪用品店。東選一個、西挑一個，簇新的滑雪用品準備齊全。鮮紅色滑雪板上，刻著白色的品牌字母「OGASAKA」。穿上滑雪靴，模樣活像是機器人穿的鞋子，不知有何功能，予人一種奇特的感覺。

喜愛登山的父親在學生時代，曾長期留宿於白馬深山，享受冬季滑雪之樂。白馬充滿父親的青春回憶，或許正因如此，他才想帶我們造訪這個特別的地點吧。

一九八四年五月二十七日

試睡一下民的睡墊。

發現墊子厚度變薄，真教人意外，以前我從未察覺。

這樣睡容易背痛，就去了一趟棉被店。

猶豫不知該買哪一種，選了最高級的款式。

從四萬日圓殺價到三萬五千日圓，附贈一條床單。

嘿嘿，這種殺價方式，可是在臺灣學到的中國人智慧呢！

再加把勁對老闆笑笑說，既然給了綠床單，乾脆連枕頭套也一起附送如何？

這位太太好會討價還價，就照您的意思吧。

一大早頭一筆生意嘛。今天上門顧客多，大發利市喔！

在臺灣啊，早上第一個來店的客人若沒買東西，據說一整天會生意差，所以會配合客人開價出售。

我把這原委告訴他。

老闆面露苦笑。

中午送達後，立刻試睡一下。一張四萬日圓的睡墊究竟有多舒服啊？

感覺都一樣，長期使用才有差別吧！

不知民是否留意到了？

家裡發出不和諧奏鳴曲，生活作息卻仍維持正常旋律。掃地、洗衣、上學、購物。母親獨自去棉被店，興致勃勃殺價後買下睡墊。其實，她真正的心情又是如何？如此說來，在我記憶中，確實不曾見過她神情悲傷。

一九八四年五月三十一日

同住一個屋簷下好痛苦，總之出門走走吧。可是能去哪裡？要不然去百貨公司閒逛好了。忽然看見澀谷東急百貨公司的電影院正上映《再看我一眼》[27]，開演時間是早上十一點五十分。還有一點空閒，就到三省堂書店看書。內心十分煎熬。

電影放映時刻準時入場，環顧四周，有好幾群學生和穿戴整齊的空閒婦女。還是頭一遭目睹這種光景。

[27]《再看我一眼》：西元一九八四年首映的美國懸疑片，劇情描述過氣的足球明星因生活窮困潦倒，迫不得已接受惡徒的指示去搜尋富豪之女，從此深陷欲望殺機之中。

好寂寞的感覺。如今才切身感受到，自己也是那種凡事被動、漫無目標的主婦。她們一定跟我一樣都在打發時間，真令人憐憫。沒心情在外用餐就回家了。

如今方才明白，原來母親是以這種方式尋找喘息空間，讀來令人辛酸。

一九八四年六月十三日

民分明知道我們三人要吃晚飯，卻向蕎麥麵店預訂鴨肉白菜豆腐鍋。

一九八四年六月十六日

民帶孩子們到壽司店吃晚飯。我留在家。

我也相當堅持，不肯妥協。這樣同樣傷到孩子。

「異常家庭」度過了半年，雙親從「白馬」回來後，對立依舊。母親執拗，父親頑固。

我與母親發生爭執時，也毫不退讓，為了己見堅持到底，母親說我是「牛脾氣」。我的固執性格絕對得自雙親真傳。

這個時期，我除了擔任母親的傳聲筒，也開始主動與父親外出用餐。父親一定到鄰近的自由之丘，無論是壽司、天麩羅、蕎麥麵，任何美食都可隨意點選，我變得最喜歡一起外食。父親聽我說起學校和同學的見聞，默默頷首，點一瓶日本酒啜飲。在外人眼中，大概以為是正常家庭的父女在用餐吧。

度過幸福片刻，返家後，父親又消失在房門彼端。

曾幾何時，父親房門閉得更深更緊。門上加裝伸縮棒抵住，連妹妹也無法自由出入。他有時甚至整日關在房裡，威士忌瓶和茶杯就拿來解手。

一九八四年五月二十六日

民提著波士頓包外出。

深夜未歸。

一九八四年六月十九日

妙在晚餐時閱讀學習院報，望著訃文欄問道：

「媽媽，萬一爸爸走了，我並不想在學校報紙刊登啟事，可不可以向學校反應呢？」

我的天！她好像察覺到什麼！讓我一時詞窮。

「人家不喜歡同學刻意來奉承或安慰，那種感覺真討厭喔。」

她說。

聽了這話，我不禁眼眶一熱，呆立在廚房。

這孩子有她獨特的察覺力，可能發現了什麼。

小妙，媽媽無法對妳解釋清楚，但爸爸和媽媽不自然的相處模式，相信妳總有一天會明白。

房門彼端的父親時而提著波士頓包外出，動輒外宿不歸，根本不知他的去向。我從二樓自己的房間窗口，望著他清晨出門，憂心他就此永遠不歸。

我曾在父親外出時進到他房間，從那只波士頓包中努力搜尋車票，發現一張前往某地的來回票時，心情不禁一鬆，便去告知母親。

一九八四年六月二十一日

早晨，一如往常收拾行李，民卻難得早起。

打點去臺灣的行李。仍對我一語不發，也不跟女兒們交談。

妙忍不住問道：

「爸爸，您要去哪裡？」

「有點要事必須回臺灣處理。」他背過身子說。

窈發出一聲：

「咦？」就乖乖不作聲。

妙：

「什麼時候回來？」

民：

「這個月中旬就回來。」

說完便打TEL叫無線計程車。更衣後，沒用餐就搭車揚長而去。

我、妙、窈只是啞口無言。

多悲慘的景象啊！這還算是一家人嗎？

全家人就像著了魔似的心情。罹患重症的父親究竟安什麼心，做出如此過分的事，連母親也無法理解。日後從臺灣親戚口中得知，父親是趁著身體尚能自由行動之際，返臺處理未完的工作，並打點我們母女的日後生計。然後就像曾在日本上映的法國影片《舞會手冊》[28]一般，與各地舊友重逢，或到學生時代留下許多回憶的地點旅行。據說友人對父親突然聯絡現身都大感驚訝，紛紛前來道別。

父親去臺灣後，我曾進入他的房間。南面窗戶日照良好，原可望見窗外白樺樹的綠映白身，卻被緊閉窗板完全遮掩視線。薄暗中，書堆圍繞著一床被褥，旁邊菸灰缸積滿菸蒂，還有三多利威士忌的空圓瓶。茶杯裡有茶褐色液體，湊近一嗅，飄出一股酒氣。

想到父親每天悶在這樣的房裡用餐，我忍不住為他感到寂寞。

我們分明只有一扉之隔，就在隔壁房間，分明有電視節目可看，有母親做的家常菜可嚐，為何非要如此倔強？我懊悔不已，認為該不是自己隨意當起傳聲筒，才導致這種僵局吧。

一九八四年七月六日

與醫師會面。恐怕在一、兩個月內還需要再住院。

我將目前的狀況據實以報。當時醫師說了一事，令人印象頗深。他說醫學界有各種學會，當與華人醫師交談時，偶爾會覺得真是受夠了，不知到底該如何應付，有時真想放棄溝通。

尊夫的情況也是如此，最好把這問題當作是民族性不同看待比較好。

醫師建議萬一病人非要追根究柢不可，還是該告訴他真相。

父親患病當時，正值「院方不可告知病患罹患絕症」為主流趨勢，我真為他不幸的境遇感到同情。

父親向院方醫師執拗地追求真相，而我打破砂鍋問到底的性格，正是根源於此。

「異常家庭」依照往年慣例，迎接夏蟬歡喧的季節到來。如今聽見蟬鳴，仍會令我想起一事。

㉘《舞會手冊》：西元一九三七年法國製作的電影，日本於翌年上映，身為未亡人的女主角拿著少女時期的舞會手冊名單，遍訪當時參加舞會的舊識們，探索他們日後的人生際遇。

其實我從未受過父親斥責。如此溫厚的父親，唯獨一次對我發出怒吼，而且聲量之大，足以掩蓋蟬鳴。

某日，父親突然對我吩咐：「妳跟小窈去整理行李，準備去旅行。」去旅行當然開心，我心想就像上次滑雪一樣，當然也要母親同行。

「媽媽也去吧？」我問道。「媽媽不去！」父親咻咻喘息著，竟對我大吼。

這是我生平初次聽見父親咆哮，也是最後一次。

我驚愕極了，發出一長串最拿手的「為什麼？」

相信只要問「為什麼」，父親可能會改變心意。

父親卻一語未發，不肯答覆。

母親只說：「別鬧了，妳就跟爸爸和小窈三人一起去吧。」

父女三人的旅行日期，母親沒在日記上留下紀錄。父親直到去世前，將所有旅行拍攝的照片標明主題和日期整理好，只要翻開相簿，當時的記憶就會鮮明復甦。

八月二十七日，我們搭乘特急「梓號」前往松本，進入上高地。

因是暑假期間，處處可見攜家帶眷的遊客。父親自出門後，不斷替我們姊妹拍照，無論是搭新幹線或在月臺、住宿旅館門前、早晚餐等等，也在各景點頻頻按下快門。

第一天是在「五千尺旅館」住宿，翌日是不見雲影的晴朗。我印象最深的是可瞭望絕佳景致的「河童橋」吊橋，接著前往乘鞍。

父親在此對我們說：「我在半山腰等候，妳們去爬乘鞍和劍峰山頂吧。」

我隱約瞭解父親不能一起登山的苦衷，發現他只要稍一攀爬，就氣喘如牛、痛苦不已。那粗重喘息聲令人掛念，卻無法詢問其由。

從乘鞍到新穗高，我們搭乘「日本萊茵河號」沿河直下，我們去參觀犬山城，也去了猴園。感覺上行程倉促，確實造訪了多處名勝。

九月時，我們父女三人前往奧只見、尾瀨沼旅行。

出發前一日，父親替我們購買同款式的登山靴。我鬧起彆扭說：「好土的鞋子！我才不敢穿呢～」一點也不想帶去。

父親不理我，逕自套上登山靴，穿著登山用的法蘭絨格紋厚衫和厚褲就出門了。我覺得父親這副打扮真土氣，雖然感覺很丟臉，也只能跟著搭乘上越新幹線。

一路前往浦佐站，第一天住宿奧只見的「丸山山莊」，隔日曾經過沼地，我在父

1984年9月到尾瀨旅行，攝於奧只見丸山山莊。

親說服下換穿登山靴，從沼山嶺出發到尾瀨沼。一路上大家的穿著與父親愈來愈相似，我才稍感放心。

這趟旅程最令我印象深刻的，是生平第一次住宿山中小屋，名稱是「元長藏小屋」。

這裡的住宿設施，沒有軟呼呼的旅館床鋪，是一大群人穿著未更換的服裝睡在硬地板上。我驚訝這裡只有共用廁所，沒有浴室設備，就像是校外旅行，令人興奮難眠。

清晨四點天未破曉，父親告訴我：「妳和小窈吃完早飯，再慢慢從小屋出發」，他在天色昏暗中，獨自先離開山中小屋。

迷迷糊糊中，我茫然思索：「何必這麼早就出發呢？」

我和妹妹自八點半啟程，不到一個半小時就趕上父親，他顯然比八月旅行時更喘更苦。待我們追上後，配合他的緩慢步伐，我不斷不斷、不斷不斷地邊走邊回頭，望著父親是否跟上。

第二次的親子三人旅行照片，裝滿了五冊相簿。「媽媽會擔心我們，拿給她看吧」，父親說著將相簿交給負責傳話的我。

帶著至愛的女兒遊訪自己最喜歡的地方，流連於父親心底的願望，究竟是什麼？我相信父親是想將語言無法言說傳遞不完的思緒，藉著一起看風景、留下相片，等孩子們長大後能體悟他的心情。

這一年十一月，父親住進日產厚生會玉川醫院。

自從發現父親罹患絕症後，他轉院到女子醫大癌症研究中心，最後這間醫院是我最喜歡的。

從二子玉川車站搭公車約十分鐘，來到多摩川河岸的高臺地，這裡是一處閒靜的高級住宅區，玉川醫院位於高臺地的偏角處，外觀是寬廣型的三層樓建築。從醫院最外圍的病房大樓，可望見一側是樹林，另一側可眺望東京夜景。這裡不似都市無機質醫院充滿沉重的威壓，而是被豐沛自然環境圍繞，蘊含著居家氛圍。

住院一個月後，醫院裡在十二月初裝飾起大聖誕樹，聖誕節即將來臨，一襲雪白制服的聖歌隊前來各病房唱聖歌。

一九八四年十一月十六日

要妙去跟民說她要做晚飯，問民想吃什麼。回答想吃雜燴粥和魚、涼拌菜。全部吃光。

今晚恐怕是他在家中度過的最後時光，我們卻無法團聚用餐，沒有交談，嚐著無言可喻的寂寞。

一九八四年十一月十八日

為了讓妙照顧爸爸，我讓她去醫院。對妙來說，是太早嚐到人生痛苦的滋味。

她眼裡噙滿淚水。

我說服她去住成增的阿姨家上學。

她說可以照顧自己，能不能從醫院通學。

媽媽今後會全心全力照顧爸爸，無法兼顧她的一切生活。

說服妙天氣愈來愈冷，不放心讓她獨自住在家裡，還是說服她去借住阿姨家。她別過頭強忍淚水的模樣，既脆弱又可憐。

窈就去寄住小彩家吧。

這孩子知道能跟小彩一起上學開心極了。天真無邪的樣子，讓人心靈獲得了救贖，也喚起悲哀。

再度住院的父親，枯瘦的身形令人不忍卒睹，恐怕永難再踏入家門一步。

我與妹妹下課後總是穿著水手制服，從二子玉川站搭乘前往醫院的公車「回家」。對我們姊妹來說，把去醫院當成「回家」的比喻很貼切，就在父親病房桌前寫功課，空閒時看看漫畫或電視，談些學校趣聞，病房彷彿成了我們姊妹倆的房間。

有時父親會幫忙看我們的功課，聽我們說話。母親則默默坐在一旁。她會帶親手煮的菜餚來病房，大家一起吃晚餐，一直待到會客時間結束。這就是我的日常生活。

父親病情在住院後一路惡化，母親想在醫院待久一些以便看護，考慮讓我們姊妹分開住。我寄宿在平日最愛去玩的阿姨家，只是這回心境大為不同。

我若去住阿姨家，將無人充當傳聲筒。父親的心念、母親的想法，誰能代為轉達？即使是「異常關係」的家庭，仍留有空殼。而後空殼也會形消影失，我才會想緊緊守護不願離去。結果在母親堅持下，大家四散各自生活。我和妹妹在寒假前，一直分住兩處受人關照上學，唯有周末才赴醫院探病。

一九八四年十一月二十六日

民很痛苦，我就輕輕摩挲他的肩。許久不曾碰觸。望著他身軀那麼瘦小，不禁熱淚盈眶，不忍再觸碰。

一九八四年十二月二日

妙打電話給爸爸。說等她考試結束就會每天來醫院。

一九八四年十二月三日

住院後，我帶去的午餐，他都默默吃了。想到他意氣用事的心力也逐漸耗盡，不禁一陣落寞。但依舊不肯跟我說話。

一九八四年十二月十六日

民請三舅夫婦到醫院，據說是為了討論立遺囑的事宜。

一九八四年十二月十七日

到三舅家。三舅將昨日民立的遺囑交給我，裡面交代了喪儀之事。喪禮、墳墓，一切皆免。骨灰要撒在最喜愛的南阿爾卑斯山或奧白根山地。

三舅說，不知和枝小姐意下如何？在日本禁止撒骨灰。能瞭解他不想舉辦喪禮的苦衷，但也不能任由如此。

總之仍該按照規矩行事。這關乎公司各方人事問題，民應會瞭解，還是遵從三舅的意思處理一切事宜。

按照民的心意提出申請，結果不被核准。我心不甘情不願地接受。

接著說起我和民的事情。

遺囑提到子女監護權委託三舅夫婦，讓我大吃一驚。

三舅說，夫妻之間的問題他不便過問，不知究竟發生了什麼爭執，至於父親去世，子女監護權理當交由母親才對。三舅表示完全摸不著頭緒，昨天到民的病房詢問原委。

「我們夫妻沒有起爭執。不過我那麼信任妻子，她竟然一直騙我，教人無法原諒，如此而已。」三舅聽了民的回答，將事情的來龍去脈向他說明，又說這不是和枝小姐妄自決定的，而是經過醫師和我們這些親戚朋友討論之後，才決心隱瞞病情。你怎麼這樣辜負和枝小姐的苦心？竟為這種事，跟她嘔氣近一整年。

總之和枝小姐，請妳明天去一趟醫院，將隱瞞病情的事對他說聲抱歉。你們的關係一定會改善的。

三舅夫婦長年旅居日本，是父親在此最信任的親戚。「三舅」是指我父親的舅父，將未成年的兩個女兒託付這位長輩，足以見得父親對他信賴深厚。如今想起母親被忽視的心情，讓我感到痛徹心扉。

相信母親的心情早已超越忿怒，只是心灰意冷吧。

所幸有三舅夫婦好言相勸，雙親關係出現轉機，持續一年以上的冷戰僵局，終於萌現冰釋之兆。

一九八四年十二月十八日

用餐後正收拾碗碟，民說：「和枝，妳沒告訴我真相。我只在乎這件事，沒有別的誤會。我只希望妳一人能把事實告訴我。」

和無法面對民，無法開口，背過身子，顧不得拭去盈滿的淚。

「轉過身來，握我的手。」

光是拚命忍住嗚咽就費盡心力。

一直握著民的手過了半個鐘頭。我終於抽開手，勉強吐露一聲抱歉。

民說：「和枝，我只希望妳說出真相啊！還有好多事想做，不是嗎？」

將近四點，窈來醫院發現爸爸媽媽態度突然轉變，原本想問究竟，一下子欲言又止。她在跟我回家前一直沒問此事，直到與爸爸聊完後，在歸途中才說：「媽媽，您怎麼突然跟爸爸說話了？嚇了我一大跳呢。媽媽您終於改變想法了喔。」

我回家在電話裡向姊姊說明，妙在旁聽著，一副滿不在乎的樣子。

雙親終於願意交談了。遺憾的是，這令人求之不得的日子，不曾留在我的記憶中。閱讀日記後，我發現其實在父親逝去約一個月前，我才終於免除了傳聲筒的工作。

原本覺得該喜極而泣的事，我卻因長期過度壓抑情緒，變得不知該如何表露心情才好。

因此才露出「滿不在乎的樣子」，聆聽母親在電話中的敘述。當時我的態度，母親都察覺到了。

一九八五年一月十八日

指甲嚴重發紺為青紫色。

從昨晚起拚命擠出聲沙啞地說：「混蛋，真想像個正常樣子。」不懂他在說什麼，便問：「什麼意思？」

「能不能死得痛快點。」他答道。

新年過後，父親確實愈來愈接近人生終點。

為何父親對母親不理不睬？

為何他不想吃母親做的菜？

為何旅行時，母親不能一起同行？

為何雙親重新和好？

無數的「為什麼」，盡是不可解的狀態。直到臨終之時，都無法親口詢問他們尋求解答。

日記讀到此，我才終於瞭解「真相」。

原來是這樣子嗎？

父親以為自始至終都被自己最信任的妻子矇騙，母親只想守護至愛直到最後一刻。兩人思緒失焦，相錯而過。

直到最後關頭，雙方依舊執拗不肯妥協。我認為會如此堅持，多少表示彼此仍信賴對方，否則早就把話說絕，匆匆分道揚鑣，不然則是趁早尋求和解。

負責傳話的我也相當執著，如同〇〇七偵探一般，或許掌握了唯有自己才知曉的祕密情報，為此感到自豪。

一九八五年一月十九日，那天終於來臨。

從醫院回家後，我在矇矓睡夢中不知何故突然驚醒，母親也在同時刻醒來，不久，即接到醫院電話通知父親病危的消息。

翌日二十日凌晨一點二十五分，父親去世。

昔日的我除非眼見為憑，否則絕不願置信，對靈界感應也興趣缺缺。縱然如此，我卻無法解釋那夜突然驚醒的原因，應該說是「冥冥中的預感」吧。

由於正值寒假前的考試休假，不必為喪禮請假，不會引起眾人注目，讓我鬆了口氣。父親辭世我固然悲慟，卻不似連續劇演出的那般誇張情緒，而是以一種冷靜到連自己都驚訝的態度，接受這項事實。

這或許是父親住院後，我已徹底目睹生衰變相，還有他已充分利用餘生，向我傳遞了內心的訊息。

空蕩無人的父親房裡，放著無數與癌症或死亡相關的書籍。

這些書在書櫃裡整然排列，彷彿帶著父親的怒火餘威，朝我襲來。

父親是否想過與罹患絕症的命運相搏？或試著去理解悲慘命運所示現的意義？父親沒有說明。可以肯定的是，他幾乎不曾留下隻字片語。

然而，他的遺書卻放在箱子裡。

這是父親生前的最後一封信，我甚至不知其存在。

我終於能瞭解到，這是父親真正的心聲、心意。熱切期盼中，我靜靜地，緩緩打開。

致　和枝、妙、窈

爸爸

爸爸自己也沒想到會在這個年紀就離開世間。原本心想至少可活著看到小窈長大成人吧，是爸爸奢求了。

小妙、小窈：

妳們兩個吵吵架也無妨。爸爸盼妳們都能健康長大，要努力做自己喜歡的事情，可以靠自己活下去。

爸爸走了以後，妳們的事就拜託三舅公、三妗婆關照了。凡事都可與三舅公商量，這是最要緊的。盼妳們母女三人都安康，一起努力生活。

永別了

一九八五、一、一、夜

與我幼時通信時一樣的筆跡，一樣使用舊假名。其內容之淡然，難以想像此人將在二十日後撒手人寰。

薄紙一箋，簡短的遺書。難道不想多表達一點？難道不想寫給每個家人？我希望信裡有更多寫給身為女兒的自己，只是文章過於簡潔，令人悵然若失。

不過仔細一想，若是自己寫遺書，恐怕也無心長篇大論吧。我相信那是因為早已將訊息好好地傳遞給重要的人了。父親在遺書中儘量保持客觀，只將必要傳達的事情告知，如今我終能領會這份心意。

相信一起去旅行時，您已將所有思緒傳達給我們了，是不是，爸爸？

我在心中如此呢喃，將遺書放入信封。

睜一隻眼
失去幸福
閉一隻眼
得到自由

母逝

1969年母親在婚前來臺旅行，並與父親相見。

我像萬花筒中的青春
瞬眼就變成另一個我
單眼看陌生的我
雙眼看熟悉的我

我在大學攻讀牙醫，常被人問起「為何要當牙醫？」其實我只是「隨勢所趨」而已。

起初我閱讀吉村昭[29]撰寫的心臟移植書籍，立志當一名心臟外科醫師，嚮往就讀札幌醫科大學。後來，得知備受尊崇的野口英世[30]博士對治療黃熱病貢獻良多，長崎大學是日本唯一設有熱帶病研究機構的學校，我覺得念這所大學也不錯。此後，又因父親患有心理疾病，也考慮要不要去念設有精神科系的大學。但因我不太用功，投考每所學校都落榜，最後輾轉考上牙醫系。

母親倒是很開心，認為「反正是女孩子，牙科不必值夜班，工作才做得長久」。何況母親牙齒欠佳，從此不必擔心牙痛問題，更顯得歡喜。我對大學生活滿懷憧憬，期待聚會、社團、與他校聯誼。但才剛成為大一生，學校就決定讓學生遠赴山梨縣的富士山麓，體驗宿舍生活。

從東京搭長途巴士，必須搖晃好幾個小時才抵達宿舍。這棟宿舍像一座孤島，雄偉壯闊的大自然四面環伺，僻靜到令人心裡發毛。沒有軟調的社團活動，只有揮汗如雨的戶外社團，更別提與他校聯誼了。我只能搭大學專車，下山閒逛平安堂超市或去駕訓班，算是聊以慰藉的樂趣。

我們女生宿舍設有綠色公用電話，在沒有手機的年代，一到夜裡，電話前就大排長龍。與親人交談，與朋友聊天，不然就是向男友傾訴。有低聲細語，有忿忿吵架，或哭說要分手等等，在電話旁可目睹人生百態。

女生宿舍的正對面就是男生宿舍，他們會向心儀女孩打電話。我慶幸自己屬於今日所謂的「療癒系」，幾乎每晚都有男同學來電。當時或許是我人生中最燦爛的「異性緣高峰期」。有時五部電話全中獎，都是找「一青同學」。

大學時代，「一青」姓氏十分罕見，我再度受到矚目，這是第三次我可以改變的

㉙ 吉村昭（一九二七—二〇〇六）：小說家，西元一九六九年發表了《神明的沉默：探索心臟移植》一書，探討現代醫學最初發展心臟移植手術之際，所面臨的技術挑戰、人性尊嚴維護等課題。

㉚ 野口英世（一八七六—一九二八）：細菌學家，曾前往西非黃金海岸深入研究黃熱病，最後不幸罹患該病辭世。

機會。所幸此時此地無人知曉我的過去，得以略掃陰霾，心情自然澄朗。我內心總是盼能「海闊天空」，一遇到長假，就當起背包客獨闖海外。單身旅行確有孤寂的一面，卻不會對異地有先入為主之感，享受著「暢所欲為」的自由，從此我成了單身旅行中毒者，一心只想漫遊全世界。

我曾到中國下三峽、香港漫遊；為了一睹賽巴巴[31]而去印度；認為「一定有大發現」而到柬埔寨，順便到馬來西亞散心；好奇有多整潔而去了新加坡；想看東西文化銜接地而探訪了土耳其；想參觀金字塔而去埃及；想吃披薩而到義大利；有奧斯威辛集中營的波蘭；到保加利亞吃優格，還有內戰中的舊南斯拉夫；嚮往愛情海而去希臘；達利和高第的祖國西班牙；為看凱卡克舞而去峇里島，還有歐亞大陸最西端的葡萄牙。

前往各地的理由不一，但在九〇年代前期，基本上可住宿在便宜的青年旅館，搭乘巴士或船、火車等運輸工具，時而嘗試露宿，以持續選擇物價低廉的國家為主，在各地漂泊。我認為要去高消費的國家，必須等踏入社會工作後再去。

我遇到許多感動之事，也遭遇了不少突發事件。

在埃及路克索眺望尼羅河畔的夕陽美景，至今仍深深印於眼底。

我很好奇賽巴巴突然揮手一撒的「白色粉末」究竟是什麼，不惜遠赴印度。眼見世界各地聚來的信眾，體驗了宗教的懾人力量。可惜只看見乘坐賓士的賽巴巴像魔術師，令人大失所望。途中我在邁索爾迷路，不知所措時，幸而有位印度大叔伸出援手，至今我們仍有書信聯絡。

還有像是錢包遭竊、遺失國際學生證等不好的經驗，在法國、土耳其、中國、波蘭等地都曾發生，失竊的金額總數頗為可觀吧。

我打算從匈牙利去保加利亞的索菲亞，當時舊南斯拉夫正值內戰，火車無法通行，售票大叔拚命阻止，我仍堅持要去，車廂中顯得異常寬敞。抵達貝爾格勒車站時，眼見大群民眾抱著家當左張右望，這才切身感受到戰況危急。後來還遭遇了一件事，就在火車停靠無名小站時，有數名警察湧入車廂，二話不說就把同包廂內的青年帶走。

昨日在羅馬尼亞購買的麵包，隔日早上價格便飛漲了百倍，兌換來厚厚的一疊外鈔單手也拿不完，正好用來付清旅館費。

❸❶ 賽巴巴（一九二六—二〇一一）：印度教上師、慈善活動家及教育家。

東歐之旅中，我目睹了社會主義和資本主義國家之間文明的歧異，明顯感受到與自己生活上的隔閡。

有時也享受稍微奢華的旅程，我和妹妹出遊兩周，一同走訪西班牙、法國、葡萄牙、英國、義大利。妹妹鍾愛美食，事先列出各景點必嚐的佳餚，說也奇怪，不通當地語言的她居然能看懂菜單。兩人大快朵頤，享用法國的野味料理、西班牙桑格里酒和番紅花海鮮飯、義大利牛肝菌菇義大利麵。

中國的「三峽之旅」亦是令人難忘。我向售票處買了最便宜的船票，登船後才發現並非遊覽船，而是當地人討生活的渡船。旅遊指南《地球步方》曾提到從重慶搭船至成都，旅程是五天四夜。這艘渡船四處停泊，整整耗費八天才抵達目的地重慶。我受夠了堆肥式的廁所，變得懨懨無食欲。蓋毯隱隱發黑，湊近一聞奇臭無比，我只好在板床上鋪睡袋鑽入就寢。

東方人擁有一頭烏黑秀髮，格外受到阿拉伯半島和周緣國族的青睞。曾有一位已經有五個妻子的土耳其人向我求婚，提出的條件是「送妳一間房子」。我也發生過在沙漠中騎駱駝，被坐在身後的嚮導緊抓住胸部，還是楚楚純情的我，只好隱忍安慰自己：「不這樣騎大概會摔下來」。

在海外得以克服重重危機，最重要的關鍵，並非醫學或數學、歷史等知識，而是受惠於自幼學習的「中文」。

無論到任何不通英語的國度、或前往各方邊境，一定有中國城或中式餐館，只要會講中文，就能無條件地與對方成為朋友。我離開臺灣約十年之久，藉著到世界各地旅行，內心再度喚起自己擁有屬於臺灣的一半血緣。

坦白說，其實大學生活中最令人振奮的就是解剖實驗課，畢竟我們絕對無法窺視自己身體內部的真貌。從孩提時代，我就比別人更渴望瞭解和觀察、碰觸人體內部。東京舉辦「人體奧妙展㉜」之際，我搶先去觀賞。所謂「遺體塑化」是一種以合成樹脂取代人體水分和脂質，讓身軀得以長久保存的技術，這種精深技術令我極為傾服。面對栩栩如生的人體標本，一般人可能感到噁心，我卻駐足再三觀察不捨離去。

去旅行時，當地若有與人體相關的博物館，我一定要進去參觀。

我對人體的執著，也與曾經目睹父親患病後日益衰弱有很深的關係。

㉜ 人體奧妙展：德國解剖學家馮哈斯根透過人體真實軀體的塑化技術，展現人體結構的奧祕，並於西元一九九五年開始在世界各大城市展出。

生物終會面臨呼吸停止的那一刻，從自由活動的肉體變成僵硬之物，這種轉化過程即是「死亡」。從父親之死得到的感受，成為我好奇心的根源。

大學時代，有堂課要求每位學生解剖一隻白老鼠，必須觀察剖腹後的老鼠內臟，同時畫下素描。還可以觀察由口進入的食物被運送到胃、擔任消化吸收作用的小腸、不斷鼓動的心臟，解剖課其實是一堂精采有趣的科目。

解剖素描畫完後，老鼠被處理成只剩骨架，我帶回宿舍房間製成標本。鼠骨纖細，結構複雜而巧緻，起先光是要維持站姿就費去不少工夫。腿骨隨著拼接方式的不同，有時呈現單足著地的可愛模樣，有時成了三角龍直往前栽。我喜歡組裝模型玩具，聚精會神拼湊標本，最後完成一隻雙腿略帶內八、精緻可愛的鼠骨標本。

解剖青蛙也很有意思，蛙類生命力極為旺盛，解剖後素描內臟時，隨著麻醉劑漸漸消退，用來固定手足的昆蟲針就會脫落。有時青蛙肚子開開，宛如殭屍在教室裡蹦來跳去，一時造成騷動。兩棲類與鳥類或哺乳類的體溫不同，青蛙體感冰冷、黏滑，不知何故，觸感卻十分舒適。

還有人體解剖課，上課第一天我十分緊張。老師召喚大家到半地下樓層的陰暗教室，裡面整齊放著一排銀色臺架。室內一片昏暗，飄著福馬林獨特的刺鼻臭味，大家遵照老師指示，去取福馬林池裡浸泡的捐獻大體。

我曾閱讀大江健三郎㉝的〈死者的傲氣〉，得知有一種高薪的兼差工作是使用福馬林清洗遺體……抽乾血液的解剖用遺體宛如蠟像，頭髮和陰毛保留生前的模樣，令人想起在埃及博物館見到的拉美西斯二世木乃伊也存有頭髮。

解剖之際，學長姊說：「肥胖的大體脂肪太多，很難去除內臟脂肪或尋找血管、肌肉。老年人的大體又太瘦，許多組織黏在一起，想要分辨很困難。解剖後的人肉就像炸雞，大概會暫時對炸雞沒食欲喔」等等，細細交代，提供我們許多建議。

我們班上負責處理一位八十歲的老婦。她身軀嬌小、手足蜷縮，果真如學長姊所述，要讓軀體伸展十分困難。相對地，別班負責的是體型福態的男子遺體，手套倒是都沾滿了厚厚的油脂。

每次課程決定「動脈和靜脈」、「頸部肌肉」、「內臟」等主題，對照預習的教科書內容切取組織，感覺猶如達文西在素描繪畫。實習結束後，將切除的組織重新放回

㉝ 大江健三郎（一九三五—）：小說家及作家，一九九四年獲得諾貝爾文學獎，代表作品如《水死》、《讀書人：讀書講義》、《優美的安娜貝爾・李　寒徹顫慄早逝去》（以上皆為聯經出版公司出版）等。其短篇小說〈死者的傲氣〉，曾詳細描述應徵打工的主角大學生在校內地下室擔任遺體處理的過程。

軀體內，注入福馬林以防乾燥，再裝入塑膠袋。

初次接觸親人以外的遺體，光看見就「哇～」的驚呼不敢靠近，過了三天生起親近心，一周後便產生同儕般的共鳴感。習慣成自然果真令人可畏。此後大家照常解剖、休息，有人抽菸喝果汁，有人談笑，也吃炸雞果腹。

醫學系的課程博大淺略，概觀性地學習全身組織，相對來說，牙醫系是以頭頸部為焦點，精闢而深奧。身為牙科專業技術人士，理當如此，總之專攻內容十分精細。齒科大學與醫科大學同樣是六年學制，最後一年與病患實際接觸，參與實施治療的臨床實習。畢業後接受國家牙醫考試，取得執照後就可名正言順地開業。

日本全國有二十九所學校設有牙醫系，其中七所集中在東京近郊。畢業生多半自行開業，據說已成了「走在東京街頭，不是遇到便利店，就是美容院、牙醫師」。昔日大家覺得擔任牙醫師等於捧金飯碗，如今甚至因開業過剩，導致牙醫界亦出現「窮忙族」。不久以前的時代，父母親依然深信除了牙醫師之外，會考慮念齒科大學的子女，一定具有旺盛的挑戰精神。

但在我念大學的時代，受到男女雇用均等法的啟迪，不乏有女性自願從事牙醫，視其為畢生的專業職志。

我就此過著忙碌卻平穩的大學生活，深信會如此一路從牙醫系畢業、妹妹繼續念大學、兩人誰先結婚、生子……時光淡淡流逝。然而就在一九九一年，母親接受成人健檢時，偶然發現「食道長息肉」，被醫師交代必須接受更進一步精密檢查，檢查的結果發現罹患了癌症。

母親的日記只記載了父親患病的始末，此後每日簡述日常瑣事。這本冊子也收在箱子裡。我在同一時期，也以記事本寫日記，所以重新翻出來閱讀，查證是否有當時的生活紀錄。

母親的記事本中對自己的事輕描淡寫，很難從中讀取出真正的心情，唯有平鋪直敘事實而已。相對來看，我日記上的感情顯得起伏強烈。人往往對自己的狀況意外冷靜，對他人之事反而難以泰然處之吧。

我對照母親和自己的紀錄，回顧當時情景。

（母親的記事本）

一九九一年三月一日

食道X光

一九九一年三月十三日

　胃鏡

母親依照來探病的客人明確記錄名單。

一九九一年三月十四日

　住院　宇野、窈。下午　妙。

一九九一年三月十五日

　盥洗　取消旅行（京都美濱）。妙、窈、宇野。

一九九一年三月十六日

　盥洗　窈、宇野。

一九九一年三月十七日

窈來醫院探病。

（我的日記）

一九九一年三月十三日

怎麼辦……今天食道檢查報告說媽媽長了息肉。必須等到下周二才會知道結果，可能是癌症。明天起就要住院，真令人擔心。

一九九一年三月十八日

明天就會知道結果，但願只是潰瘍就好了。

「媽媽好像得了胃癌，小妙，妳也一起來聽聽醫師的診斷結果。好嗎？」

母親突然對我說道。

父親去世六年多後，向病患告知罹患癌症的現象比較普遍了，只是我想避免直接告訴本人仍是主流。

然而，母親的情況卻不容許如此。

既身為單親，尚有兩個還是學生的女兒，萬一有任何不測，只剩下孤兒無人照顧。母親與醫師商量後，表示希望能將病情真相告訴習醫的我，但聽聞的結果，卻是最壞的噩耗。

（母親的記事本）

一九九一年三月十九日

與妙、宇野先生聆聽診斷結果。必須進行早期「胃癌」手術。

（我的日記）

怎麼辦？母親罹患了食道癌。醫師明確表示，必須摘除整個胃臟。這簡直是連續劇情節，令人無法置信。總之，我不想獨自接受這個事實。

宇野先生出生於大正時期，與我們並無血緣關係，但對母親來說，他就像慈父，我們姊妹則覺得他有如祖父般慈藹。父親病逝後，母親就讀職訓學校，取得簿記證照後開始工作，在職場上認識了駕駛個人計程車的宇野先生，我們將世田谷自宅的車庫租給他作為停車場。他對我們母女三人疼愛如親人，母親遇到重要場合也會請宇野先生出席，當時他已年屆七十，如今依然健朗，我偶爾與他保持聯繫。「癌細胞蔓延至胃的幽門和食道，所幸還沒轉移到其他器官，只要摘除胃臟就不要緊了。這是一次大手術，住院時間會延長，既然胃臟全部摘除，以後生活會辛苦一點。」

醫師說明的內容，我相信必然無疑。

我們母女都相信只要手術就會痊癒，與無法動手術的父親情況不同。

母親當場決定動手術，住院後，進行長達八小時的手術。

（母親的記事本）

一九九一年三月二十日

窈的畢業典禮

（我的日記）

一九九一年三月二十二日

母親氣色很好。But萬一轉移怎麼辦？

一九九一年三月二十五日

手術PM1：00～PM8：40

手術耗時長達七個半小時，似乎開至胸部，究竟是什麼情況？醫師表示手術進行順利，給我們看整個胃臟。小窈怕見血腥，目睹取出的胃深受打擊。夜間留住醫院，輾轉難眠十分難受。

手術後，母親滿懷自信地說：「感覺好像去除了多餘的東西，神清氣爽。」母親真是堅強的人。她生性樂觀，深受醫院護士的歡迎。

母親在臺灣紋眉，無論如何卸妝或洗臉，總是兩道美麗彎眉，護士們看了十分羨慕。

手術當日，她們曾有以下的對白：

護士：「一青女士，接下來要進行手術，請您卸妝。」

母親：「咦？我已經卸了。」

護士：「可是眉毛沒卸啊。」

母親：「這是紋眉，卸不掉的。」

雙眉造就人的形象，其實格外重要。眉毛暈朦會予人無精打采的印象，眉型輪廓清晰，則有活力洋溢之感。

完成手術五日後，母親從集中治療室轉至普通病房，在此期間，是由阿姨們與我輪流住宿醫院看護。

四月以後，我升大二，從山梨遷往東京校區，可從家裡通勤上學，課前課後皆前往醫院探病。這讓我想起父親住院的情景，與當時感覺相近，但決定性的差異，則在母親只要出院就形同康復。

手術後的復元極為緩慢，真令人擔憂她是否能真正出院。母親的記事本從手術前的三月二十四日起，約有兩個月一片空白。我的日記裡，則連日記載著「好累」的文字而已，不禁回想起那時奔波於學校、家中、醫院的疲憊經歷。

六月以後，母親在記事本記錄的文字開始透顯活力。

（母親的記事本）

一九九一年六月六日

宇野、窈來探病。在惠比壽享用豪華晚餐，聽他們開心暢聊。

晚上吃流質食物。

漱口時，引起噁心欲嘔。

一九九一年六月十日

使用步行器練習走路。

毫無食欲，吊一瓶點滴。

一九九一年六月十八日

拔除左側腹導管，可說是毫不費力就拆除了。傷口會自然癒合，不知還要幾天才能出院啊。

母親因臥病時間漫長，起初使用輪椅，抓著床邊扶手訓練站立，一段時間後才能自行走動。

飲食逐漸從流質改為固體食物，康復速度緩慢，但確實能感受到身體狀況逐漸改善。

（母親的記事本）

一九九一年七月一日

今天與看護永末小姐道別。

開始「自我獨立」。

我與妹妹必須上學，無法每天留宿醫院，只好請看護照料母親生活。「總是眉毛畫得好整齊的一青女士」，住院期間遠超過預期，自手術結束後，大約經過四個月才出院。

返家後，母親和親戚友人們都認為康復過程順利。

我們三人一起入浴時，母親開起玩笑說：「真是的，這道手術疤痕真明顯，若在男人面前光身子，準會把人嚇跑」。

妹妹當時十五歲，已到了像我昔日對父親患病時追根究柢的年紀。母親與我商量後，認為只要痊癒就不需讓妹妹多憂心，決定不告訴她病情真相，只說是得了「胃潰瘍」。眼見妹妹恢復開朗，當時真慶幸沒有說出真相。

豈知就在手術翌年，也就是一九九二年夏天，事態急轉直下。

妹妹進入高中後，想去美國參加寄宿家庭活動，我則預定去歐洲旅行，最後決定兩人先去華盛頓的姨婆家，母親再從日本出發前往會合，這本是我們渴盼已久的家族海外旅行。

然而那一年的夏天酷熱難耐，母親缺乏食欲，體重直減至三十四公斤，唯有藉著吊點滴才能補充營養，於是母親又再度住院。

原本期盼的旅行計畫頓時化為烏有。而且母親還出現了反常舉動，當我們姊妹旅行回來，發現家裡所有電器，包括洗衣機、微波爐、冰箱、熱水瓶、電視、錄影機等等，全部煥然一新。

「心煩意亂的，想轉換一下氣氛呢。」望著驚愕的我，母親爽快說道。

母親向來不喜奢華，喜歡討價還價，從未買過昂貴奢侈品犒賞自己。這恐怕是她目睹兩個女兒遠渡海外，自己卻拖著病體無法自主行動，而周遭全是父親生前使用的東西，她亟欲轉換心情，才痛下決心將一切汰舊換新吧。還是說，莫非她有了某種預感？

前文提到一青家是源自於石川縣，母親生於一九四四年，七名子女中排行最小，當時住在東京都文京區。

我的外祖母產下母親時，正值戰時物資匱乏、社會混亂，更因不幸罹患肺結核，產下母親半年後即撒手人寰。那時擔心母親感染肺結核，外祖母被迫與骨肉隔離，只在臨終之夜才能相見，甚至子女想看護也不被允許。

在前往疏散地長野縣的火車中，長姊背著襁褓中的母親，拿攙水研磨的米漿餵食，摸著她漸冷的腳，憂心忡忡地說：「該不會快斷氣了吧……？」

戰爭結束後，大家從疏散地返回東京，文京區的舊家已蕩然無存。

一家人重新在北區落腳，外祖父在交通局擔任維修工作，勉強維持生計。因考慮到子女眾多，在母親三歲時決定續弦。

對象是一位戰後遺孀。

據說除了母親之外，其他子女對「新母親」的出現大都感困惑，無法真心接納。三歲的母親嗷嗷待哺，卻吸吮這位「新母親」沒有分泌乳汁的胸脯。

在如此環境下，其他兄姊培養出獨立性格，可自行打理一切，及早自力更生。也因此母親的兄弟姊妹比一般家庭更為融洽、團結，各自成家後仍保持聯繫。所幸如此，我和妹妹極受舅舅阿姨的關照。

母親高中畢業後任職於生命保險公司，不久在外獨居，辭去這份工作後，改念美容學校。這是與父親相識約一、兩年前的事。雙親結婚時，外祖父和續弦的外祖母也一起合影留念。

一九七一年，也就是我出生的次年，外祖父因交通意外去世，外祖母則在一九八〇年病故。

直到最近，我才得知母親的成長背景，這些全是從未聽聞的往事。

或許是因為在我周遭，大家總是談論父親的過往，很少人談起母親的緣故吧。

我對母親的印象，就是總是笑容滿面的樂天派。

她性格爽朗，與誰都能融洽相處。

不說洩氣話，不怨天尤人，也不會消極吐苦水。

給人的印象，就是「積極進取，堅毅過人」。

但事實上，我卻覺得母親的人生其實相當「寂寞」。

才呱呱墜地，生母即離開人世，兄姊及早踏入社會工作，生父又驟然離世。

與丈夫漫長無言的對峙直到婚姻生活的最後。

阿姨紛紛說：「其實和枝才是最寂寞的。」

以四十八歲之齡早逝的母親，一生中是否曾有忘卻寂寞的時候？

每當悲觀的想法在我腦中恣意翻湧時，我彷彿會聽見母親那與我極為相似的低沉嗓音，哼著她喜愛的曲子〈世事難料〉㉞，輕輕呢喃著：「鑽牛角尖也沒用喔。人生就順其自然吧，小妙。」

母親被宣告罹患胃癌時，就加入了日本尊嚴死協會。她曾說：「等媽媽走了以後，為了避免妳們姊妹倆吵架，媽媽會好好分配遺產和寫遺書喔」，後來媽媽確實寫下了遺書。

一九九三年春，自完成手術後又過了兩年。母親體況欠佳，但我們母女三人卻心情篤定，開始討論「大概不需要遺書了吧」。

㉞〈世事難料〉：歌曲原名為"Que Sera Sera"，源自於西班牙文，為「隨波逐流」之意。

（我的日記）

一九九三年三月一日

今天跟母親去醫院，醫師竟說要緊急住院……

說是為了補充營養，不必擔心，可是……

原本只是定期回診，卻因母親出現步行困難等不適情況，院方決定進行更精細的檢查。

（母親的記事本）

一九九三年三月三日

背痛、步行困難（早上吃水果優格、葡萄柚）。

（我的日記）

一九九三年三月三日

其實我根本沒準備這次的考試。

中午以前先去醫院，緊接著去考試。

母親今天接受電腦斷層掃描，醫師突然說可能是腦腫瘍or腦出血……原因尚不明確。

究竟會變成什麼情況？

母親向舊識的X光放射技師說一聲：「我準備好了」，就走進檢查室。當天醫師說明步行困難的原因可能是腦腫瘍或腦出血，但還是說得等待其他診斷結果出爐。母親病情惡化之迅速，已到了醫院無法掌握真相的地步。

每年二月底大學進入春假。我向來認真準備考試，從未有重考經驗，而且這個春假一如往常計畫去長途旅行。

這一年我打算在二月二十六日出發，學習院時期以來的友人準備開車送我去成田機場。當我們抵達習志野高速公路收費站時，大學友人打手機來，說我的「內科」考試沒過關，下周必須重考。我只好放棄計畫中的中國之旅打道回府。

當時我確實迫於無奈，感到相當可惜。但萬一真去旅行，我就見不到母親的最後一面了。從不相信命運的我，不禁想起重考的情形，與父親去世當夜的「冥冥中的預感」一樣，蘊含某種特殊的意涵。

（我的日記）

一九九三年三月五日

診斷結果

一九九三年三月七日

一青家集合

一九九三年三月八日

留宿醫院

一九九三年三月九日

AM7：50母親去世

僅短暫住院九日，母親即離開人世。大學正值春假，我不必向學校請假，也不須讓朋友知曉，減輕了不少心理負擔。父親是在寒假期間去世。感覺上雙親似乎都體諒我不擅於接受他人同情的性格。

翻閱一九九三年、母親去世之前記錄的記事本，連日記下腰痛、胸悶、倦怠、無食欲、嚴重背痛、呼吸時左肩胛骨疼痛等等諸多病痛的苦楚。

我對四處疼痛的母親笑著說：「該不會是更年期到了？我看順便診療一下吧。」母親開玩笑回道：「既然順便提供診療，乾脆再追加一瓶點滴，補充一下體力也好。」

我堅信母親可立即出院，就在她驟逝的前夜，我與男友出遊。當夜返回醫院住宿，隔日清晨回家拿取生活用品後回到病房時，母親已意識模糊，怎麼呼喚也沒有回應。

母親從此沒有清醒過，就此離開人間。

母親彷彿是迅速奔馳，成為看不見的粒子線般消逝。

父親的死是緩緩逼近，而母親則是住院僅「九天」即撒手人寰。

由於事發突然，我甚至無暇傷慟。

緊接著是處理事務性的喪儀手續，我以為喪禮當日，自己會像戲劇中的女主角般潸然淚下，結果我不曾落下一滴淚，感覺虛幻若夢。

我認為我應該效法母親的堅強，儘量在眾人面前表現得活潑開朗。昔日的我熱愛牛排肥脂或天麩羅等油膩食物，在母親驟逝後，體質變得無法接受這類食物。不慎吃到就會異常打嗝不止，噁心欲嘔。讓我深切體會到，自以為不曾受到精神創傷，其實身體卻如實反應。至今我依然對肥肉或天麩羅、炸豬排等敬而遠之。

縱使因為母逝而認識胃癌，我卻無法理解為何母親定期回診，還是無法發現腫瘤轉移和復發，以至於驟然失去性命。

我想妹妹不知母親罹患胃癌，更無法接受母親突然亡故。我對當時沒有告訴她實情，感到後悔不已。若是換作是我，恐怕無法原諒此舉，而她卻沒有宣洩憤怒。對於妹妹，我真感到十分歉疚。

我們兩姊妹從此成了天涯孤雛。只不過，日常生活一貫如昔。

在旁人眼中，我們或許成為美談。一個是「支持關愛妹妹的姊姊」，一個是「奮發向上的妹妹」。其實感覺上，我沒那麼呵護妹妹，她也沒那麼努力。

母親去世後，我曾為妹妹做過便當，但還要忙於大學課業或約會、與朋友出遊。

記憶中，我從不曾心甘情願地犧牲自己的時間來照顧她，總是懷著「妹啊！感謝妳順利長大」的心情。

妹妹也很有一套，對馬馬虎虎的姊姊從不抱怨，一下子與我的大學朋友去唱卡拉OK，一下子跟我男友外出，緊緊黏著我不放。

我們因雙親早逝，失去了太多，幸而備受許多親戚呵護，確實得以自由成長。如此說來可能太過輕率，其實斥責或干涉我的人愈來愈少，我重新感受到自由豁達的人生。

父親瞭解自己來日無多，為了留下來的家人打點善後。

母親不知生命已近終點，只能在一籌莫展下離世。

我認為前者是本人比在世的家屬更痛苦，後者則是遺族比逝者更煎熬。

究竟哪一方比較幸福？我幾經思考，沒有結論。

自己的人生由自己決定。我決心不再成為應付周遭的變色龍，而是恢復真正的自我本色。

我自行分析牙醫系大學同學的背景，發現有五成的同學雙親從事牙醫，三成像我一樣沒考取醫科，一成純粹想當牙醫。剩下最後一成，感覺上是因緣和合而來。九成同學選擇臨床牙醫為職業，剩下的一成繼續攻讀研究所深造。絕大多數的研究生仍專攻臨床牙醫學，去念基礎系的人則被視為異類。

我基於臨床實習的經驗，認為要如何與病患交談，其實比醫療和醫技更重要，我認為若不能跟他人良好溝通的人，就無法成為臨床醫師。

而我的個性是與他人溝通時，若超出範圍就感到壓力，並不適任臨床醫師。研究所的課程既有蛙鼠解剖，我又想赴中國留學，便開始搜尋與中國大學合作交流的研究室。到頭來，只有基礎系中極其罕見的口腔生理學研究室，完全符合我的條件。

我研究的課題，是「青斑核與Aδ神經纖維刺激下造成脊髓內正腎上腺素量增加之間的關聯」。這項研究課題不易理解，簡而言之，主要目的就是透過痛楚發生時產生的變化進行研究。牙科診治時面臨最大的難題，就是如何消除「疼痛」。這項實驗能靠研究者獨力完成，這點十分符合我的個性，又可依照自己喜好的時間進研究室，我每天過著隨心所欲的生活。

在條件如此良好的環境下，我學習中文同步口譯，到芭蕾舞教室習舞，在研究所時期嘗試體驗各種活動。

其中一項就是從事演藝活動。

妹妹剛讀大學，便立志當歌手，主動寄試聽帶去唱片公司。我眼看金城武、徐若瑄等臺灣明星在日本十分活躍，懷著極單純的想法，認為自己是臺灣出身，若能參與電影或電視連續劇演出那該有多好，就嘗試應徵幾間經紀公司。

我當時年齡已過二十五歲，堀製作株式會社、星塵傳播、奧斯卡公司等大型經紀公司，皆從十幾歲的新人開始培育，我受年齡限制不被錄取。儘管如此，卻順利與小規模經紀公司簽了約。我期盼在電視節目或連續劇中有演出機會，但毫無音訊地過了半年，終於有機會上舞臺表演。指導老師具備舞臺劇的經驗，負責指導我們訓練腹肌和背肌，還有「啊呀啊哈啊咿嗚噫喔」或「塔滑湯灑湯燙塔」、「賣藥順口溜」等發聲練習及口調訓練。

有朝一日，我可以演出日臺攜手合作的電影吧？

總有一天，我能跟志村健合拍「我們去臺灣」的廣告吧？

我心中抱著奢念不斷反覆練習。曾幾何時，對舞臺劇不感興趣的同期學員逐漸放棄，我卻覺得自己適合表演。

我善於配合別人，性格與「變色龍」雷同。有極力避免被人討厭的癖好，面對不喜歡的人，也無法吐露討厭的感受。

一九九六年我首次登臺演出，飾演一位性格強悍的老師，屬於我向來感到棘手的直言不諱型角色。一青妙不再是一青妙，而是扮演他人，敢於表達心聲。從事舞臺劇工作後，我才感受到一種旅行般的「自由」。

我喜歡演出的小劇場戲劇，以東京下北澤為中心發展，場內最多只有五十至兩百名觀眾。舞臺規模不大，演員不必使用麥克風，是以原聲述說臺詞傳達給臺下觀眾，亦可直接感受觀眾為某句臺詞而歡笑、感動，或注視著某位演員。

光在東京地區就有超過一千八百家劇團，每日在各處上演種種戲碼。日本堪稱全世界罕見的戲劇大國，盛況甚至超越了紐約的百老匯。只是現實中擔任演出的演員，大都無法以演戲維生，紛紛從事像居酒屋、卡拉ＯＫ、便利商店收銀員等工作。我則以臨時兼職的方式，擔任牙醫行業。

牙醫時薪相當可觀，我踏入此行之後，才初嘗「賺到了」的感覺。

我的目標是加入三谷幸喜[35]的舞臺演出，雖是懷抱夢想，舞臺演員的收入卻不穩定，於是決定暫時隱瞞諸親好友自己開始從事演員工作。

然而某日男友未經我同意，竟將舞臺公演一事告訴大家。妹妹和友人前來觀賞，眾人素知我平時的舉止，紛紛詫異說：

「原來妳嗓門這麼大，嚇了一跳。」

「真沒想到，原來妳會在人前掉眼淚啊。」

「姊姊，妳在舞臺上看起來開心極了。」

眾人你一言、我一語的表達感想。我向來喜怒哀樂不形於色，大家目睹如此轉變，感到驚奇不已。

開始參加舞臺劇演出三、四年後，我終於可以公開這份工作，與他人接觸的方式也有所改變。對於男友暗中告知眾人之事，我銘謝於心。或許身兼牙醫和演員的雙重身分，來往於兩個迴異的世界，才最符合自己的個性。

牙醫的工作令人愉悅，縱然忙碌，我依然從事兼職生活。電視工作逐漸增加，起先只能演出「情境劇」之類無足輕重的小角色。整天下來薪資不滿一萬日圓，經常從黎明前拚命工作至夜闌人靜。導演也親自上陣，一人分飾多角，演員皆自備服裝和小道具。真是苦不堪言，我屢次想放棄演出。

㉟ 三谷幸喜（一九六一——）：身兼腳本家、戲劇家、電影導演等多重身分，主要連續劇作品有《古畑任三郎》系列、NHK大河劇《新選組》、《功名十字路》等。

常聽人說：「演員的工作就是等待」，尤其是拍戲現場，總是漫長等候。即使身為主角，基本上也必須等攝影器材調整完畢才能開拍，唯有無奈苦苦等候。相形之下，我習慣不必「久候」的舞臺劇，對電視劇的工作形態略感不適應。舞臺劇是按照情節發展鋪陳，連續劇和電影因場面或氣候等因素，無法按照順序取鏡。同一天內往往拍攝前後劇情無關的場景，例如笑完馬上哭，原本該是分手戲，卻必須演出兩情相悅的橋段。

我的病患也會蒞臨劇場觀賞，並逐漸前來攀談：「下次何時公演？」「最近常看您來醫院，是不是舞臺工作減少了？不要緊嗎？」我也知道了即使像我這種個性有點古怪、我行我素的人，最後周遭還是會習以為常而接納我的。

午間連續劇、卡通配音、翻譯審訂、旁白等等，我將天生不夠完美的才能充分發揮，嘗試挑戰各種工作。對我來說，最遙不可及的就是電視娛樂節目。眼看藝人個個伶牙俐齒，主持人面面俱到，錄製小組炒熱氣氛的高明技巧，讓我萌生怯意，以致連自己講過什麼都忘得一乾二淨。我曾數度上節目，講話片段在播出時幾乎全被刪光。

節目播出後，友人們紛紛詢問：

「小妙，妳都上了節目了，怎麼沒說話？」

「鏡頭有拍到小妙嗎？」

我大概不適合綜藝節目。不僅自己有此感受，跟我站在同一陣線的經紀人也同情地說：「看來還是別上這種節目了。」

一般而言，「牙醫師」必須考取國家執照才能開業。取得執照後就能確保「醫師」地位，只是期間漫長、學費昂貴。

至於「女星」這個行業，不需要甄試、執照，擁有藝名即可勇闖銀河。然而闖蕩星途卻更為崎嶇坎坷。在這一行經常被迫處於激烈競爭中，無法確保何時有工作，生活極不安定。正因為「女星」一職無固定準則，難有出頭天之日，反而是「牙醫師」之職穩定發展，只要有心向學，最後反倒比較容易達成目標。

身兼演員和牙醫身分的我被視為奇葩，在拍戲現場，一定有人苦口相勸：「當演員這行朝不保夕，當醫生才牢靠」，或許正如所言。

我的想法雖不至於像諧星植木等[36]所唱的歌詞：「明知行不通，偏偏愛這樣～」卻仍想繼續兼顧「牙醫」和「女星」的工作。

㊱ 植木等（一九二六—二〇〇七）：歌手及喜劇演員，西元一九六一年以歌曲〈閒人浪曲〉造成轟動，其中歌詞「明知行不通，偏偏愛這樣～」則成為名言。

變化之中的我
又迷入萬花筒
離我最遙遠的是自己
靠我最接近的是自己

顏家物語

日治時期被列為三大庭園之一的基隆宅邸「陋園」。

過去的我
就像斷線風箏
倒置沙漏
呼喚心中的記憶
呼喚家鄉的味道
滴滴答答
滴滴答答

每年寒暑假，我照例會出國旅行，既然難得成行，當然想去新鮮的地方，卻總是沒將臺灣列入考慮。

二〇〇六年夏天，我決定要去睽違已久的歐洲，從網路上搜尋便宜機票，可惜距離出發日期太近，機票早已售罄。

我不想光去一趟歐洲，就耗費超過三十萬日圓，也捨不得放棄一年一度的海外暢遊，便尋找不到十萬日圓就可成行的國家。此時正值暑假黃金期，票價居高不下，想找到適當地點談何容易。最後，只有最符合條件的臺灣成了首選。

說起過去返臺的主因，還是為了與親戚見面。活動範圍僅限於臺北市區，甚至只在舊家新生南路一帶，從未踏出這片區域。畢竟是童年熟悉的地點，不可能只為觀光而造訪。

我一直為是否該放棄旅行而煩惱不已，最後決定前往闊別五年的臺灣。

我最喜愛搭乘中華航空的班機，雙親健在時，也是挑這家航空公司。華航是全臺最具代表性的航空公司，是我們的不二選擇。

華航確實曾發生多起空難事故，但機身上的梅花標誌，卻是代表臺灣的國花，令人十分懷念。

臺灣是亞熱帶國家，比沖繩位於更南方。從機窗眺望，發現與南國度假勝地的澄朗碧空並不相同，而是摻著粉塵的灰濛濛青空。我有預感，空氣中將有溼黏肌膚的汗臭味，心裡不停想：「受不了~鐵定要熱昏啦~早知不該來的。」

我因曾居住過臺灣，常有人問起：「何時去臺灣最好？」我總是回答：「七月到九月最好別去喔。太熱了，整個人變得懶懶散散，不想跟人靠近。」

話雖如此，我恰是選擇七月來臺，真佩服自己的決定。

從成田機場搭乘華航班機出發，抵達桃園中正國際機場。

我記憶裡的中正國際機場，乘客絡繹紛雜，設施相當陳舊。但這次抵達，發現已成了地板晶亮光滑的新航廈。後來聽說這是幾年前落成的第二航廈。

我打算去臺北市，這才發現遇到難題。以前有家族要事必須來臺處理時，我總會先通知親戚，由公司派車接機。這次卻要獨自設法到市區，實在令人不知所措。

服務臺的人員告訴我，從機場可搭計程車或巴士前往臺北市。我選擇搭巴士，重點是價格便宜、令人滿意，約一小時即可抵達市區，費用只需臺幣一百五十元。原本以為車內設備簡陋，結果出人意料之外，座位寬敞，不下於日本長途巴士，還有腳踏板，電視、水晶燈等一應俱全，相當於觀光巴士。我首次搭乘機場巴士，充滿新鮮感，感覺值回票價。

巴士自機場出發後，一路疾駛前往市區。與東京相較之下，臺灣樹木更顯蓊綠，飄著翠鬚的南洋風樹林，可深切感受到臺灣的南島氣息。

「汽車修理」
「豆花」
「飯店」
「餐廳」
「臺灣銀行」
「檳榔」

大量字體複雜的「正體字」招牌紛飛眼底。

感覺腦中的記憶正一點一滴甦醒。

臺北市北郊的山上，一座中國式建築映入視線，正是蔣夫人宋美齡女士鍾愛的「圓山大飯店」。

巴士經過市區內最醒目的中山北路，可望見昔日我們一家聚餐的國賓大飯店，真是令人懷念。一身休閒裝的上班族、穿著平底鞋的粉領族，與日本風格多少有些不同的街景。占據整條街的小黃，一望無盡的機車，還有路邊攤小吃。是的，這就是臺灣。

我閉上眼，靜靜地回憶。

改變的、未變的，同樣存在。

與我在臺灣時的七〇年代風貌漸漸重疊。這趟巴士之旅，彷彿有搭乘時光機的錯覺。

抵達臺北車站後，吸入肺腑的空氣瀰漫一種悶溼感，就像是鐵茶壺冒出的蒸氣。放眼望去，聳立著一座陌生的摩天大樓，這就是二〇〇四年竣工，曾是世界最高的臺北一〇一大樓。

臺北車站出現了新地鐵看板，還有寬廣的地下街。

公車的車廂外整面張貼了美麗女星代言的化妝品廣告，車內冷氣涼快，乘客舒適乘坐。在我印象中，舊時的公車樣式簡陋，從地板縫就可望見馬路忽隱忽現。車上沒有冷氣設備，車掌小姐在後座替蜂擁而上的乘客剪票，大聲呼喊下一站的站名。那像印度火車擠滿沙丁魚客的公共汽車，已永遠從臺北街頭消失了。

與記憶重疊的風景，徐徐錯開。

我到昔日就讀的幼稚園所在地，卻遍尋不著，向鄰人打聽，不料對方竟回答：「從來就沒有這所幼稚園。」

我發現自己的記憶逐漸模糊，重新體認到歲月的流逝。既然對故鄉十分瞭解，就沒有必要再來，來也是枉然，因為這裡已顯現出迥然不同的風貌了。

我曾想將成為黑白記憶的場所，當作是現代的彩色風景。

父親最愛吃的「雞湯麵」。那家店在我小時候，距我家只需走十五分鐘即可到達，就在父親公司隔壁。母親常去那間店，提著類似便當盒的銀色雙層提鍋，去裝「雞湯麵」回家。當她有事必須處理時，便由我提著去買。

那時的舊店是兩層樓，一樓角落是廚房，蒸小籠包兼煮麵，擺幾張小桌。拿出提鍋點一碗「雞湯麵」，店家會在容器下層裝湯、上層裝麵。回家取出麵來，澆上熱呼呼的雞湯，湯汁入味的雞肉煮得柔柔嫩嫩，真是人間美味。在我小時候，最期待父親分一點雞肉來嚐嚐。

當時我並沒注意那間店的名稱，店名忘得一乾二淨。時隔二十餘年重訪故地，一瞧招牌才發現，此店正是目前大受日本觀光客歡迎的小籠包名店「鼎泰豐」。地點確實沒變，但店家生意興隆，已改建成氣派的四層樓房，客人等候時必須先取號碼牌，號碼會顯示在電子看板上。

走進店內，我按照往例點了「雞湯麵」，端來的湯麵味道依舊，果真是好滋味。

真是太好了，店面外觀雖與記憶不符，味道卻是一如往昔。

我又到過去就讀的「復興小學」瞧瞧。以前總是搭校車或由「蔡司機」送我去上學，以為距離家裡很近，其實車程相當遠。已成了黑白記憶的復興小學，一如「雞湯麵」店家，同樣變得美侖美奐，昔日泥灰色的平凡建築物，如今改砌成氣派的紅磚校舍。

學校後側，曾有一連多家說不上整潔的小吃攤。其中有我和蔡司機一起買著吃的「冰淇淋」攤子、有時買來帶便當的「排骨飯」攤子，全都不見蹤影，這裡已成為住宅區。

我前往當時的四層樓舊家，建築物依舊，一樓成了托兒所。從外面眺望住過的二樓，當時一起放著鞦韆和玩具、小孩聚集的陽臺仍在。入口處潮味依舊，感覺只要打開大門，就會遇見那個買完豆漿就衝上樓的小女孩。

我還去了夜市，以前攤販使用污濁的半桶水，使勁清洗缺邊缺角的碗盤。現在則改用免洗筷和塑膠碗盤，客人食畢後的碗盤，在水龍頭下反覆沖洗。環境衛生顯然大有改善，令人十分驚訝。在夜市吃著「臭豆腐」、「豆漿」、「蚵仔麵線」等臺灣小吃，感覺黑白、彩色的界線已經消失。孩童時代那既熟悉又親切的味道，可說是絲毫未變。

從記憶裡甦醒的老味道和氣味，經過歲月洗禮略變了樣貌，我卻知道依然與現代相繫。原本未列入考慮的臺灣之旅，頓時變成愉悅的旅程，讓人想更進一步瞭解這塊新土地。

偶然的邂逅真是奇妙，二〇〇六年秋天，當我關心起臺灣訊息時，親戚（叔父們）也頻頻開始與我聯繫。

父親顏家的親戚散居在美國、日本、臺灣，旅居美國的親戚最早與我接觸，後來連臺灣、日本的親戚也保持聯絡。

其實主要的聯絡目的，是希望我代表父親顏惠民，返臺召開家族會議。我問道：「開會是討論什麼內容？」原來是為了「公司（顏家）幹部改選在即，必須召開會議協商」。

父親的大弟（二叔）擔任董事長已超過二十餘年，過去因股東利益分配不均，不問其他持股弟妹們的意見，擅自將視同顏家金庫的客運公司變賣，導致親族間對原本的經營制度萌生不滿。其中不滿現狀的派系，決定趁這次幹部改選之際江山易主。

我暗自驚呼：「天啊，該不會發生政變吧。」

自從父親過世後，我對顏家在臺的企業狀況不甚關心。當我得知這場政變計畫時，感到相當困惑，想起山崎豐子[37]的小說《華麗一族》中，支配大同銀行的財團家族間的紛爭。知名企業家族發生的騷動紛亂，在我腦海裡如幻燈走馬，想到顏家即將出現戲劇性發展，不禁略感興奮。

顏家曾有炭王金霸之稱，封山後，轉向海運公司等多元化經營，如今凋零無幾，只保留昔日礦業發跡地九份的不動產管理權與合金生產工廠。

儘管如此，顏家終究還是名門，躋身臺灣五大家族之一。我認為參與這次會議，是千載難逢的經驗。睽違五年的臺灣之旅結束後，約過一年，我在二〇〇七年夏天再度返臺，這回身分成了「顏家長男家族代表」。

祖父希望每位子女都能分到一戶住宅，將原有的獨棟宅第拆除，改建成六層樓大廈，親戚就選擇其中一家作為商議地點。

各樓每戶設計皆相同，目前有兩位叔父、兩位姑母及兩位堂兄弟入住，主要是自家親戚聚集在此。

我對不動產頗感興趣，每到陌生地點，就去逛逛當地不動產公司當作消遣。假裝有意購買，打聽各種房屋資訊，便能瞭解當地生活水準和居民心聲。

我久未返臺，迫不及待踏進不動產公司。臺灣寸土寸金，購屋條件比東京更為嚴苛。大學畢業生的平均起薪每月約二萬三千元，臺北市的大樓新屋房價，卻高達兩千萬元以上。可知要想當個有殼族，簡直是虛幻夢想。

原本以為祖父重建的大廈並不寬敞，重新觀察之後，發現每戶約有六十坪，四房兩廳加廚房，其實空間相當可觀。這種房屋在臺灣稱為「豪宅」，在日本則相當於「億厦」。

親屬會議召開的地點，位於最年長的翠華姑母居住過的房子。這位大姑姑已不在人世，她曾是最關照我們的長輩。

「翠華」這個名字，大家都用日文發音，暱稱她是「小西瓜（suika）」。大姑姑熱心照顧我們一家，圓潤的臉總是笑咪咪，個性非常迷人。

大姑姑日語說得流暢，母親遠嫁來臺時，與她最談得來。她交友廣泛，熱愛講電話，從早到晚除了起居、用餐、為了要事出門之外，總是緊握話筒與朋友談天說地，

㊲山崎豐子（一九二四－）：小說家，擅長以敏銳觀察力揭露社會弊端，七〇年代初期的代表作《華麗一族》，是以財團家族為主軸，揭露政商界為金權勾結的醜惡實貌。

在親戚間算是小有名氣。

在尚未發明無線子機，仍使用黑色電話的時代，大姑姑從早餐前坐在電話旁，一聊就是兩小時。必須如廁時暫時掛斷，等重新撥通全部講完，前後已花上五小時，簡直是電話中毒。無論何時打給她，總是通話中，只好打給住在同棟五樓的另一位姑母，請大姑姑暫時掛斷電話，這已成為一種默契。猶記得某次我有要事必須從日本聯絡她，也是事先撥給五樓的姑母。

大姑姑家裡供奉顏家的祖先牌位，在日本稱之為佛壇。在我成長過程中，家裡從沒擺設過佛壇，未曾設供上香，因此感到不習慣。整年之中，大姑姑會依照祖先忌日、父親忌日、顏家相關祭祀日祭祖，為期多達二十天。她會幫我們守護先祖靈位，捻香拜拜。

為何說是「幫我們守護」呢？其實原本應由一家之長、也就是父親來擔任這項工作，但我們舉家遷居日本，加上父親早逝，就將任務完全交託給臺灣的大姑姑（長女）。

除了佛壇之外，家中還存放祖父母時代的擺飾和照片。大姑姑向來惜物善於保管，聽來似是美事一樁，其實廢物成堆，不知該如何處置。

大姑姑過世後，我曾踏入她的家門，赫然發現存放了上百支雨傘，以及大量鍋碗瓢盆。不禁令人納悶，究竟有多少客人拜訪過這家人。屋內擺設一架河合平臺鋼琴，從未見人彈奏過。

三十多年前，母親從東京帶來的日本製羽絨被，大姑姑視為高級品，小心翼翼收放妥當。如今感覺蓋在身上，塵蟎會立刻反撲。

大姑姑收到的大小禮品，全都塵封不動。她只喜愛沉浸於電話世界，即使是富貴家庭出身，對衣飾裝點卻絲毫不感興趣。

大姑姑住過的房間，如今成為親戚召開重大會議的地點。若說得誇張點，這場會議將左右顏家的命運。

參與者全是年逾六、七旬的親戚，唯獨我是三十幾歲。在眾人眼中，我比他們的子女更年輕，像個黃毛丫頭。大家都叫我「小妙」，在此情況下參與會議，剛開始我緊張不已。

多數親戚闊別已久，我必須先回想彼此的關係，加上我對中文很是生疏，最初光是聽懂就費了不少工夫。

大家紛紛說：「小妙沒怎麼變，跟十一、二歲時差不多」，讓我不知該欣喜，還是困惑。親戚們久未相聚，我對有些人有幼時的印象，有些人則想不起來。

連續劇《顏家政變》的登場人物，包括我在內共有十名，除了我之外，其他幾乎都是家族企業幹部。

策畫政變的要角，是旅居美國的六叔、七叔和二姑，也就是「美國派」。

至於當時的「體制派」，則是聯手經營臺灣公司的二叔、三叔。二叔長年擔任董事長，一手掌管顏家企業的經營。旅日的五叔沒有插手臺灣企業，卻屬於「體制派」。其他在臺灣的三姑、四姑，以及臺籍的四嬸（代替已逝的四叔出席），加上最後從日本趕來與會的我，我們四人就是所謂的「中間派」。

三名「體制派」與三名「美國派」互爭頭角，積極拉攏這四名「中間派」，以便取得更多優勢。

在電話中毒的大姑姑家裡，顏家政變劇即將揭幕。我試著重現當時政變發生的部分過程，直到一年後攸關顏家命運之日，也就是幹部改選當天為止。

■第一集：「暖身會．令人懷念的重聚」

二〇〇七年八月，蒸籠般酷熱的臺灣。

會議前一天，原本預定全體出席，結果除了董事長之外，共聚集了九人。大家的共通語是國語，夾雜著英、日、臺語，帶著濃濃國際風。

名義上是召開會議，其實成員皆是親手足或親戚，相信這場久違的重聚，令人無限懷念。有些自美返國的親戚，與我長達十餘年不曾相見，首先就從報告近況展開交流。

有些人興沖沖聊起往事。比方說，看著我和妹妹長大的姑母，會來詢問近況，如下：

姑母A：「窈ちゃん怎麼樣？」

姑母B：「姊妹兩個人，要好好互相照顧才行。」

妙：「她現在正在開演唱會。」

也有人岔開話題，談些不相干的問題，例如大廈水管該如何維修等等，現場一片喧聲好不熱鬧。從美國飛臺灣將近十小時，美國組成員認真切入正題，臺灣組缺乏時間概念，多在悠哉閒話家常，不時騷嚷起來。

一位姑母擔任主席，負責會議流程，還得三番兩次提醒大家：「好了，好了，安靜一點。」

我適度加入已成追憶的話題，也參與認真商討的課題，不忘保持超然中立。議題焦點是明日即將召開的正式會議，在此之前，必須討論董事長多年來獨占利益，以及個人專權行為。

尤其是有關現任的董事長二叔，如何將顏家經濟命脈「臺北客運」變賣一事，成為眾人探討的主題。

「臺北客運」公司大約起步於四十年前，當時煤礦業已是夕陽工業，起初客運數量只有四十部，最後增至八百部。這間大規模客運公司，主要是聯結北臺灣路線，往返於臺北市和基隆等地，每日乘載量約為三十五萬人。

每次返臺，當我望見客運車廂有「臺北客運」標誌時，心中不免感到與有榮焉。臺灣的大眾運輸工具是以公車為主，路線錯綜細密，遍及各地，並規畫公車專用道，不必擔心塞車問題。捷運建好後，仍有許多人搭乘公車，我的叔父姑母皆知客運公司的前景依舊可期。

二〇〇六年，董事長將自家客運公司賣給首都客運之際，報紙出現以下標題：

「基隆顏家臺北客運　首都接手」。

於是成為報紙大肆報導的對象。

對顏家其他成員來說，將維繫家族命脈的公司轉賣一事，不僅前所未聞，而且難以置信，但事實已成定局。

更何況應將變賣收益平均分還給各股東，大家卻完全被蒙在鼓裡。董事長將客運公司拱手讓人後，會不會暗中賺取鉅富？不，他最近體況欠佳，該不會是他夫人掌權，瞞著夫婿暗中進行交涉？龐大財富入手後，該不會是用來買名車、購豪宅？會議上，流傳著八卦雜誌可能會記上一筆的有趣傳聞。

會議裡，熱絡氣氛中將董事長家族數落了一番。

全家手機費、交通費皆由公司買單，一位姑母講到興奮處，說：「連內褲都用我們的錢去買！」

另一項討論的議題，則是董事長身為一家之長，應負責守護先祖靈位，卻忽略此義務，沒有善奉先祖，繼而討論今後牌位該由誰家管理。

對我來說，在家族聚會上聆聽臺語交談，試著講些國語應答，還可透過日語溝通，這種多語言交流的感覺，就像回到孩提時代在臺灣的體驗。

只是如今的我不同於往昔，比以前更能表達己見，不需再保持緘默。

大家商討的結論，認為應要阻止董事長的專權管理，讓公司經營透明化，因此分為贊成或反對另選董事長兩派。

會議結束後，大家難得團聚在中式圓桌前用餐。自美國返臺的叔父負責決定菜單，他在美國經營旅館，是一位典型饕客，甚至進入自家經營的旅館廚房，嚐嚐菜餚以確認口味是否滿意。叔父是美食家，可放心交託包辦。

顏氏家族自幼生長在食材豐富的臺灣，嚐著佳餚美饌，深知道地滋味，對味覺也相當挑剔。當我長大返臺時，常受到盛情款待，每次總有某位親戚出面「請客」，便能輕鬆一飽口福。

當日的菜色內容，分別是前菜、清蒸魚蝦、炒鮮蔬、魚翅湯、烏參燉鮑魚、滷五花肉等等。我光想就滿口生津，覺得返臺開會也不錯。

■第二集：「正式會議．懷柔戰略」

初次會談結束後，翌日立刻召開二次會，包括董事長在內有十名代表出席，展開為期五天的會談。本日起是正式會議，二叔也應邀出席。我觀察他的身形容貌，除了一對丹鳳眼之外，無論是禿頭程度、身高，幾乎與父親同一模子。眾親戚中就屬他最神似了。幾年前，二叔罹患腦中風臥病在床，如今舉步艱難，在攙扶下拄著枴杖參與會議。

其實光從外貌來看，現任董事長顯得老態龍鍾，是否真能經營公司，實在令人存疑。但他那時而透露銳光的眼神，依舊不改昔日威嚴，正式會議的氣氛與暖身會大不相同，一開始就瀰漫緊張感。

「親戚真久沒見面，真歡喜。」董事長首先以臺語致詞，然後說明公司現狀，逐一答覆各種問題。與昨日不同的是，大家話題很少偏離主題，是真正在開會。

政變派首先提出質詢，為何未經眾議就擅自將客運公司變賣。

董事長只簡短表示，因捷運通車後客運利潤遠不如昔，在此情況下，恰有買家願意出公道價格收購。說到此，他就閉口不談。

政變派接著提出要求，包括客運公司變賣後的收益在內，應將所有資產均分給各股東。董事長卻表示昔日礦業早已廢止，目前公司仍存在，不可能就此瓜分收益。但他正在考慮該如何分配，並非表示不願均分，針對此議題與政變派僵持不下。

董事長原本就是急性子，稍遇不順心就吼聲如雷。這次會議中，遇到不想答覆、不便答覆的問題，就默不作聲。結果在尚未提出明確方針下，只好任他獨自先行離席。

其次是討論父親在日本工作時創設的公司，現由旅居日本的五叔繼承的問題。這家公司亦屬於顏家，若有利潤應當分配，若無收益則另行處置。

我從沒正式當過上班族，對經商毫無興趣，但想到父親生前苦心經營的公司，可能面臨瓦解的命運，內心起了一陣波瀾。

「既然要處置，不如讓我買下這家公司吧。」

回過神來，我才發現自己沒考慮有多少資本，竟敢在大家面前表示有意收購。誰也沒料到我會語出驚人，一時滿座愕然，卻表示會把這意見列入考慮。下次開會之前，我必須先評估公司的資產價值，提出事業計畫書，會議到此暫告一段落。

下次會期將在美國紐放耶誕假期時召開，預定在十二月進行。在此期間，推動政變派以電話聯絡中間派，邀約一起喝下午茶。體制派也透過各種管道，積極爭取中間派一票，兩個陣營都想成為多數派，情勢陷入錯綜複雜。

我應董事長夫人之邀，受到茗茶款待。旅居日本的叔叔屬於體制派，也邀請我去公司。另一方面，政變派也積極進行口頭拉票。

其實從這時起，我開始考慮支持政變派，他們提出「改革」口號，希望能改善發展消極的顏家。過去董事長以腳踏實地的經營方式，從不貿然涉險投資或推展收購計畫，在長達二十餘年的工作生涯中，扭轉了顏家的經營方向，同時也守護了家族產業。然而，這種經營方式無法創造未來遠景，顏家企業將無可避免步向沒落之途，我認為該是面臨改革的時候了。但這份心意不宜被對方及時洞悉，如此方為上策。這也讓我想起電影中常見的「遊戲規則」，必須冷靜洞燭機先，盡量蒐集各方資訊。

幹部會議總計十票，關係圖顯示了表明立場的票數，與上次結果同樣，支持董事長的贊成派有三票、政變派亦有三票，其餘四票舉棋不定。我心目中傾向支持政變派的想法，其實略微提升了政變派的成功率。

■第三集：「應戰」

時序已轉入冬令季節。

第二次會議結束四個月後，在十二月的臺北舉行第三次會議。

在臺北，此月的平均氣溫約為十六度，以東京的標準來看，應該感到十分和煦溫暖，臺北人卻穿起羽絨外套、套上平底毛靴，有如隆冬的東京街頭景象。臺灣人是怕冷的。人們適應環境，只是平時慣於炎熱，才會在十六度的氣溫下感覺寒意。

「董事長每周只到公司兩、三天，處理公事不超過兩、三小時，根本形同虛設，實權完全掌控在夫人手裡。這種經營方式太過荒謬，公司不該成為某家族的囊中物，應該屬於全體股東所有。」

會議召開前，政變派屢次發送措辭強烈的傳真和信函給董事長，要求主動辭職，董事長卻不為所動。政變派明白對方堅守不屈，超乎想像的頑強，就改採正面攻勢聘請律師，試圖從收受不當佣金等管道來揭發弊端。

社長派也不甘示弱，聘請律師提出書面證明，雙方你來我往數度交鋒。聘請律師的費用，每小時的行情高達三萬日圓（約臺幣一萬兩千元）以上，實在不容小覷。最重要的，就算發現任何問題，掌握經營權的敵方陣營早已湮滅證據，極有可能查無實據。政變派於是改變策略主打失職牌，抨擊過去從未舉行「股東總會」和「幹部會議」，從不徵詢眾議、擅自決斷行事，藉此追究董事長職責。

顏家公司股票並未上市，顏家弟兄們擔任大股東，如此則形同家族企業。這種情形在日本屢見不鮮，公司召開幹部會議或股東總會時，往往依照數十年以上的慣例，彼此配合無間、形同默契，只要深入追查必有弊端可循。政變派律師藉此發動攻勢，數個月來頻頻寄發存證信函。

政變派的成員商議是否就此提出告訴，但如此不僅耗時，投入官司恐怕耗盡資財，雙方皆瞭解此乃不智之舉。經過研判後，發現只會落得兩敗俱傷、圖利律師而已，最後撤銷提告。

另一方面，沒有通知幹部召開會議的行徑，是董事長的個人疏失，便打算採取促請董事長讓步的方式，將過去公司一元化管理的共有財產均分給各股東。至於是否讓董事長請辭，依然未有定見，預定將在二〇〇八年五月召開股東總會之際，依各股東投票結果再作決定。

我眼看雙方展開一連串攻防戰，認為該是表達心聲的時候了，就表明支持提倡改革的政變派。支持社長派的嬸嬸就說：「小妙，好過分呀，小時候嬸嬸白疼妳了。」政變派的叔父則說：「好好跟妹妹討論後再決定，這是妳的抉擇。」反應倒是沒那麼激動。

關係圖上顯示十票中，社長派三票、政變派四票，剩下三票尚未決定。

至於我突然大膽提出想要收購父親公司一事，目前繼承該公司的五叔自上次會議後，就表示也有意收購，便與我展開爭奪戰。日本公司一案，只有我與五叔之間的單挑對決。這次會議中，雙方必須提交事業計畫書，只有我單方提出，叔父沒採取任何行動。光就此點來看，我的誠意略占上風，相信十之八九勝券在握。針對這項議題，大家表示明年五月召開股東總會時，再作最後決定。

■第四集：「決戰」

二〇〇八年五月二十六日，是顏家騷動劇的大結局。對我來說，是有生以來首次出席股東會，參與三年一度的幹部改選，選舉結果卻出乎意料之外。

股東總會的召開地點是臺北市總公司三樓，股東們聽說即將發動政變，紛紛湧入會場，總數多達百人。根據公司員工的說法，往年若有二十人出席就很熱鬧了，這次出席率真是破天荒。現場有許多遠親，紛紛帶著懷念的神情來跟我打招呼。

依我看來，人人皆是「顏先生」，我根本弄不清親疏關係。更何況清一色地中海。父親也是禿頭族，血緣與髮質應該息息相關吧。

會場簡樸得超乎想像，既然不是選在飯店或活動中心舉辦，自然呈現出這種淡逸風格。圓柱上掛起濃濃手藝風的橫布條，上面寫著：「第九十七屆臺陽股份有限公司股東會」，彷彿是舉辦運動會，卻可感受到員工盡了心力，望著不禁莞爾一笑。

董事長以身體不適為由缺席，改由擔任會計師的次女（我的堂姊）代為致辭，報告年度業績後，就進入討論程序。

討論的重頭戲當然是幹部改選，除了事先投票者之外，全是現場投選。選票上印有現任幹部姓名，只能圈選一名續任幹部，或在空白欄上填寫自己心目中希望的下屆人選姓名，如此便可反映投票者所持股份多寡。我大約持有百分之三點五的股份，圈選對象是比爾，也就是旅居美國的六叔顏惠哲。父親的名字是惠民，同族兄弟基本上皆屬「惠」字輩。

投票完畢，接著進入開票程序。

縱使是家族企業內的選舉，會場仍設置票箱，員工們噠噠敲著計算機統計，十分鐘後貼出模造紙榜告示開票結果。一群人圍攏在榜前觀看票數，我從遠方窺看，發現董事長沒有名列其中，內心不禁吶喊：「政變成功啦！」

中間票最後全數投給政變派，因此大獲全勝。

我的意願多少影響了選舉結果，然而，畢竟是現任董事長未盡經營者應盡的職責，沒有明確交代公司業務，才導致眾叛親離的局面。

我衷心期盼希望長年停滯的公司能有新氣象。

政變派的三名首腦皆旅居美國，各自擁有工作及家室。原本比爾採取抗爭時，並無意願擔任董事長，經過三人討論結果，最後由比爾返臺負起世代交替之責，接任新董事長之職。

比爾自臺灣的大學畢業後，負笈美國深造，旅居長達四十五年，在美國專攻微生物學研究。他毅然辭去工作、出售自宅，返臺後投入嶄新的工作環境。

比爾是咖啡迷，也愛喝可口可樂，總是一身休閒風，牛仔褲、棒球帽、背後一只背包，完全是美式作風。眾親戚提醒他：「當董事長就得去訂做西裝。」

至於收購日本公司方面，對我而言，堪稱是今生最值得放手一搏的大買賣。只是到頭來，願望終究落空，輸給了叔叔。

這場投票在股東總會召開前幾天舉行，當天我在日本有舞臺公演無法參加，只好請託比爾交涉處理。比爾試圖說服其他幹部，最終還是宣告失敗。

上次年末開會時，我曾提交十分完整的報告書，以為就此便能充分表達繼承父親公司的決心，心中才稍感篤定，不料還是讓五叔反敗為勝，實在令人扼腕不已。畢竟當事人不在現場，難以爭取勝算，我為自己一時的大意而深切反省。

■第五集：「重生」

新上任的比爾較前任董事長更為年輕，帶著美國華僑特有的自由風範，顯得十分平易近人。他講英語比中文更流暢，與我交談時都是中英文混合。

我們的電話交談，就像是以下對白。

比爾：「Hello.」

妙：「六叔嗎？我是顏妙，現在方便說話嗎？」

比爾：「可以，go ahead.」

妙：「我預定next week嗯～十三號回臺灣，do you have a time?」

比爾：「Let me check,...yes,沒事，應該可以，see you later, bye」

雙方皆長年居住國外，說著有點不道地的中文，已成為不會講標準母語的臺灣人。

比爾不會講日語，公司裡有許多年長幹部受過日本教育，雙方溝通時幾乎是臺日語並用。至於公司業務與日本企業關係密切，也較常與日本人接觸。由於我會說中、英、日三語，在臺灣時若遇到公司與日本人開會，就擔任比爾的口譯。以此為契機，比爾讓我擔任「董事長專屬日語口譯」之職，當他赴日禮貌性拜訪有業務往來的公司時，我也隨同出席。

在我熟識的人中，沒有西裝革履的上班族，自己也不曾參與就業活動，因此覺得訪問日本企業十分新鮮有趣。

比爾為了讓我們瞭解礦業是顏家企業的一環，便開放關閉已久的礦山坑道，我有幸得以進入參觀。目前坑道已停止採挖，因有地下水脈可供飲用水販售，目前仍由員工繼續管理，但不知礦坑老朽何時會坍方。

坑道的高度落差高達兩百公尺，朝下直驅洞坑，遠比走回上坡容易。從設有工廠的「國英坑」上面的「昇福坑」的坑道口進入，一直朝下深入至「國英坑」。途中地下水如湍瀑疾下，為了避免全身浸溼，每個人都分配了連身帽雨衣和長靴，還有安全帽、石油式提燈、棉手套。

包括我在內，比爾與堂兄弟、工作人員共九人一同出發。我和堂兄弟初次入坑，彷彿小學生遠足般感到雀躍不已。

早上十點出發，坑內比外界氣溫低達十度以上，感覺相當寒冷，地下水在道旁兩側嘩嘩湍流不絕。

坑洞高度最初遠比一人還高，道幅寬闊，中途之後低至腰際，勉為其難才能通過窄道。剛開始感到躍躍欲試、緊張興奮，不斷向前邁進，半途開始變成崎嶇險道，稍不留神抬起頭，安全帽就會撞上岩石，令人捏把冷汗。

一大群人集體前進，必須各自提燈照亮前路，萬一延誤脫隊，立刻陷入漆黑之中。就算只有數秒鐘，身處在唯有水聲、伸手不見五指的黑暗中，會立刻感到強烈的不安，回想起在許久以前，礦工整日在狹坑裡過著採金的艱苦生計。最後二點五公里是乘坐臺車穿梭坑道，然後抵達出口。大約三小時的礦坑行程，就像是印第安那・瓊斯大冒險，是一趟充滿緊張、刺激的愉快旅程。

比爾成為新董事長後，首要任務就是讓「臺陽股份有限公司」展現新氣象。礦業雖已封山多年，顏家在九份依然擁有廣大土地權，比爾摸索經濟新趨勢，期盼公司將有重現榮景之日。

具體來說，公司曾數度探討在九份觀光景點建設大型休閒娛樂設施，訂定觀光景點的開發計畫，卻因事業規模過於龐大，在現實上有難以落實之憾。

比爾轉而關注九份山泉，開始養殖「鱘龍魚」。眾人都大感驚奇：「為何要養這種魚？」原來九份的水溫及水質，非常適合鱘龍魚成長，最重要的是自家公司保有水源，就如同溫泉擁有天然源泉可供給浴湯，加上擁有專屬土地可自由運用，就能將成本減至最低。

比爾開始經營養殖鱘龍魚，再批售給餐廳。

說起鱘龍魚，讓人聯想到魚子醬，其種類是屬於富含膠原蛋白的軟骨魚，全身幾乎皆可食用。我半信半疑，眼見從養殖水池撈上一尾正值肥美的鱘龍魚，嚐過廚師烹調的魚湯後，果真鮮美可口。那類似鮟鱇魚般富含膠質的魚皮十分彈脆，白肉不帶腥味，是令人百嚐不膩的好滋味。鱘龍魚在臺灣被視為珍品，唯有喜宴或特定場合才能嚐到，是屬於高級魚品。今後，或許鱘龍魚養殖業將成為顏家的主要經濟發展。

相信顏家祖先萬萬也料想不到，在祖傳事業發祥地的九份地區，在曾經是挖金掘炭的坑道旁，如今一群鱘龍魚自在悠游。或許他們能瞭解時代變遷，也會莞爾一笑吧。

目前公司將養殖的鱘龍魚取名為「黃金鱘龍魚」，已在臺灣各地販售。我擔任董事長的口譯工作，夢想有朝一日，鱘龍魚能銷往日本，繼續「顏家重生」的新故事篇章。

現在的我
心中生了根

轉回沙漏
勇敢的跨出一步
勇敢的面對現實

滴滴答答
滴滴答答

「顏寓」之主

喜愛滑雪、閱讀，對菸酒愛不釋手的父親。攝於「顏寓」。

回顧自己
追求孤獨的自己
追求現實
回顧夢想的自己

父親友人給了我一張黑白舊照。
昭和十九年九月十九日，父親十六歲。
與十六名同學合影。
他在前面第二排最左端。
臉上流露笑容。
照片中那個歡笑少年，與我認識的父親相去好遠。
「箱子」裡，沒有任何父親含笑的照片。共度的歲月中，我從沒見過他露齒而笑。
父親的名字是顏惠民。
在臺灣若告訴對方自己姓「顏」，大致會得到以下反應：「是基隆的顏家嗎？」

「顏家後代不錯！」

自幼在日本，親戚也會告訴我：「顏家在臺灣是首屈一指的名門喔。」

我對「顏家」並沒有太真切的感受。

昔日聽到別人談論父親的出身，不免對顏家究竟是何方神聖，感到不可思議。如今網路發達，加上妹妹有幸成為知名歌手，我在電腦中鍵入父親的名字「顏惠民」時，竟在維基百科上搜尋到相關訊息。

瀏覽之下，有些訊息令人覺得：「唔～原來如此，說得對！」有些則是：「真是這樣嗎？」多少帶點半信半疑。總之，上面記載了「顏惠民」這號人物我所未知的訊息。

父親出身臺灣名門，又是長男身分，這點我知道。在我能談論大人話題之前，父親早已離開人世，我對他是一無所知。對我來說，父親究竟是何許人物，一直是未解之謎團。

父親生於一九二八年，在日本相當於昭和三年，當時臺灣正值日治時期，父親在臺灣接受日本教育。

自十七世紀起，臺灣陸續受到荷蘭、清朝、日本、中華民國等「外來政權」的統治，在世界史上亦屬罕見之例。

父親那一輩的學校教育，必須背誦日本國歌〈君之代〉和教育敕語[38]，徹底接受日語教育。在家也說日語，相信自己是日本人。

十歲渡日的父親或許並未意識到出國，而是多少抱持回歸祖國的心情。就讀日本小學後，朋友全是日本人，中學念學習院中等科，同學多屬於上流階級子女，與皇室淵源甚深，在如此環境催化下，對日本培養出更深厚的愛國心。

就在二戰烽火正熾，同學必須撤離中學宿舍時，當日大家集體題辭留念，父親就以日文表明其志：「衝鋒陷陣，死而後已。」

某位同學見過這段文辭，就在父親的追悼集裡寫下：「當時曾為他的文采與愛國熱忱感到驚訝。」

一九四五年八月十五日，日本宣告戰敗，班上師生就以「為了日本重建」為題，在日誌中抒發戰敗的心境，據說父親並未留下隻字片語。

父親對日本戰敗一事，始終緘默如石，過了一陣子，卻突然開始掉眉毛，最後臉上不留一絲眉痕。

經醫院診斷的結果，確定是罹患「神經衰弱」。戰敗體驗讓他心靈飽受重創。

深秋時，父親對友人說：

「以前學校教的全是騙人的吧。」

「K老師說，你們全是天皇陛下的子民，是高喊天皇陛下萬歲，去慷慨赴義的兄弟。戰爭結束了，你變成戰敗國日本的國民，我倒成了戰勝國中華民國的國民。根本不是什麼子民！我再也不是日本人，以後不去上課了。」

從此父親當真輟了學，終戰兩年後黯然返臺。

父親被當作日本人教育，卻遭到否認不再是日本人。父親的自我認同被兩個「祖國」撕裂，這不斷成為父親的魔障。

對現代的日本人來說，難以想像會煩惱自我認同的問題。我從沒經歷過戰爭，很難想像當時的情況。至今自然而然被當作日本人養育長大的我，假如遭遇父親的狀

㊳教育敕語：西元一八九〇年（明治二十三年）頒布，主要內容在於宣揚天皇體制國家思想，提倡國族、家庭倫理等政府基本教育理念，並規定在全國學校典禮中奉讀。西元一九四五年廢止。

況，某天冷不防被告知自己不是日本人時，我會有何反應？「何謂日本人」、「何謂外國人」，我試著想像不同的立場，因為是平時不太去思考的問題，此時形成紛紛思緒，剪不斷，理還亂。

父親離開人世已逾二十六載，我在前段提到自己是「被當作日本人養育」，但我實際上有一半血統是臺灣人，過去不曾深究這個問題。如今我開始思考，希望更關切自己的自我認同。而且我相信如此一來，透過這種方式，更能瞭解父親畢生的心路歷程及苦惱。不管如何，畢竟父親比我更早開始思考這個問題。

酒、山、滑雪、香菸、臺灣、禿頭、學習院、早稻田、書、山中小屋

有關父親的單字，我只能聯想到這些。

點綴在我朦朧記憶裡的單字，該如何串連起來？

我開始閱讀一本文集。

標題是《雪山憶懷……追思．顏惠民》。

二〇〇一年，父親學生時期的友人為他製作了這本追悼文集。

父親與病魔困鬥時，母親每日在記事本記錄「日記」，未曾間斷。父親去世後，母親以這本日記作為參考依據，計畫為父親製作回憶錄。

母親當時的想法是：「我想為顏惠民這個人留下生涯的印證。」

我猶記得母親為了這本回憶錄，努力在紙上認真為父親製作從出生到死亡的生涯年表的姿態。然而母親很快因病辭世，計畫就此延宕了下來。

母親生前曾與犬養康彥先生討論製作細節，犬養先生是父親學生時期以來的至交，同樣是昭和三年出生，是戰前大政治家，最後在五一五事件[39]中遭到暗殺的犬養毅之孫，亦是戰後擔任日本法務大臣犬養健之子。康彥先生曾在共同通信社任職記者，升遷至董事長之職後退休。

父親與犬養先生是在學習院中等科結識，父親住家因遭到空襲而焚毀，只好暫宿信濃町的犬養邸。此後兩人成為莫逆之交，對父親而言，犬養家族就如同在東瀛的親人。

母親去世七年後，我和妹妹在二〇〇〇年的某一天，與久違的康彥先生餐敘。望

[39] 五一五事件：西元一九三二年五月十五日，以海軍激進派為中心的數名軍官，因不滿政局而籌畫多起政要暗殺事件，當日闖入首相官邸，並槍殺首相犬養毅。

著年逾七旬的康彥先生，我心想父親若還健在，應該也如此老邁了。

我不經意的問起：「父親在學生時代就毛髮稀疏了嗎？」

康彥先生說：「不，以前很茂密喔。」

我對父親的印象，唯有頭頂泛光而已，很想瞧瞧他健髮蓬鬆的模樣。曾幾何時，父親失去了豐髮？我純粹出於好奇心，問了這樣的問題。同時我也想知道父親與母親結婚前的人生。我試著懇請康彥先生，是否能完成母親未竟的心願，無論以何種形式都好，只求能完成這本回憶錄。康彥先生立刻爽然答應我。

康彥先生決定製作追悼集後，向父親學生時代的舊友邀稿。許多人紛紛欣喜寄稿支持，父親辭世超過十五年，仍有六十位以上的友人願意寫稿，編成內容豐富的追悼集，這就是《雪山憶懷》。

我還清楚記得追悼集完成時的情景。出版紀念會是在平河町的松屋沙龍舉行，邀集了五、六十名老友出席。

父親老友紛紛稱我是「ガンテキ的千金」，他們細細瞇起眼，開心話起舊事。原來父親當時深受同學敬慕，如此想來，不禁令人百感交集。

然而收到追悼集後，我只快速瀏覽一遍，並未逐篇細讀。說來真是萬分抱歉，懇

（上）父親很喜歡日光的風景，在這裡真切體會了生命的意義，而日光也見證了父親的一生。
（下）眾親友為父親製作的追悼文集《雪山憶懷……追思・顏惠民》。

請大家費心製作完成這本文集，我卻深深懼怕擔心萬一更深入瞭解父親之後，會讓自己心中原本珍視的東西，遭到意想不到的曲解。到頭來，我還是把《雪山憶懷》收入家中書櫃裡。

如今我再度從櫃裡取出這本文集，下定決心徹底讀完。翻開扉頁時，首先映入眼簾的是父親二十幾歲時的照片，以雪山為背景，叼著菸斗一身滑雪裝。前額寬廣遼闊，確實映著墨黑的毛髮，眼神十分溫柔。「果然有頭髮！」我在心中不禁喊道。從年輕就是一副老氣面孔，與日後模樣完全沒變。

一張接著一張，映照出我感到陌生的父親青年期照片。登山照占了大半，望著他滿面漾著笑意，有種奇怪的感覺蔓延開來。

我的「箱子」裡，全是父親四十歲以後的照片。在我童年時，他總是十分溫和、沉穩，但無論是跟我玩「舉高高」、「賽跑」，或是「搔啊搔」互相撓癢，印象中他永遠是抿嘴而笑。最恰切的說法，就是父親完全維持著守護者的崇高形象。假如他能將昔日的笑容融入晚年的生活，相信我們父女之間，必能築起朋友般的親子關係吧。為何父親會失去笑容？我想認識未知的父親，強烈渴望追尋他走過的足跡。

邀稿的對象中，有父親就讀學習院中等科時代的友人三笠宮寬仁親王㊵，以及早稻田大學時期的知交，還有經常出入父親居處的眾友群。這些文章中，總是不離「酒、滑雪、山、臺灣」幾個主題，與我記憶的殘片完全吻合。透過這本文集，我決定深入探索父親周遭的人事物。

邀集眾人完成追悼集的犬養康彥先生，擁有十分獨特的暗沉嗓音。每當我登門拜訪或致電時，他總習慣說：「嗨，小妙。」無論是父親被宣告罹患絕症或母親身患重疾，全家陷入慌亂之際，他總會現身相助。

康彥先生在追悼集中，曾如此記述：

> 一九四一年（昭和十六年）太平洋戰爭開戰之年，我進入學習院中等科，與ガンテキ相識。戰況愈演愈烈，ガンテキ的家在空襲中付之一炬，他高等科

㊵ 三笠宮寬仁親王（一九四六—二〇一二）：大正天皇之孫、崇仁天皇長子。

一年級時面臨日本戰敗的事實。

ガンテキ在戰後暫時返臺，我們各自忙於大學生活及步入社會，只斷續保持聯繫。總而言之，直到他離開人世為止，我們深交長達四十四載。

接著，他又描寫了兩件令人頗為震驚的事情。

一九四九年（昭和二十四年）十一月初，阿顏事先並未告知就突然返回東京。原來他竟然偷渡日本。恐怕是所費不貲，當然事先應該已徵求欽賢伉儷同意，才會採取計畫行動吧。這趟偷渡不僅是阿顏本人，對欽賢先生及顏氏家族而言，都是萬分驚險之舉。

其實阿顏住在寒舍主屋時，曾發生一起小風波。他在家中被警視廳逮捕，暫宿的三坪大房間也遭到搜索。我相信這是因為他違反出入國管理法才會如此。母親為他做便當，由我或智子帶去探望。當時父親任職法務大臣，倘若是現代，法務大臣家中遭搜索一事可能成為轟動的新聞。所幸當時民營電視臺尚未開播，並未釀成話題。一周後阿顏即被釋回，偷渡事蹟敗露卻沒遭到起訴，可能是父親另覓管道處理。

一九四七年，十九歲的父親因日本戰敗被迫返臺。日本放棄統治臺灣後，不再視父親為日本人，因此要求撤離返鄉。但是父親無法適應臺灣生活，於一九四九年十一月尋求偷渡再度赴日，此後在東京遭到逮捕。文中的「欽賢伉儷」，就是指我的祖父母。至於父親為何無法適應臺灣的理由，則待後文詳細說明。

有關偷渡和逮捕之事，我是前所未聞。倘若當真如此，那真是駭人聽聞的消息。我有許多問題想要詢問，便撥打康彥先生的手機，卻沒有得到回覆。我又在電話中留言，等待幾天毫無回音，致電府上詢問也無人接聽。

一個月過去了，正有不祥預感時，康彥先生終於回撥我的手機。原來他在一年半前因身體失調，轉居安養中心，不便以電話聯繫。儘管如此，他仍爽快應允我的造訪。

陰雨霏霏中，我前往廣尾車站附近的安養中心。這已是久違四年的重逢。他比以前顯得更瘦小，但笑容和犀利的目光依舊。

「嗨，小妙，好久不見哪。」康彥先生語氣依然溫和，神態卻不同於往昔。

當我表示想詢問父親的事時，他一時墮入沉思，凝神遙望窗外，喃喃自語：「ガンテキ是我今生的至交。」

說到此，康彥先生停頓不語，像是憶起與父親共度的時光，靜靜泛起微笑。康彥先生的追憶已是言語無法形容，雖想追問「偷渡和逮捕」事件，他也只淡淡一語帶過：「好像曾有那麼回事哪」，而不正面答覆我。

兩小時的會面無法獲知真相。我離開安養中心後，來到鄰近的有棲宮紀念公園散步，心情紛亂不已。

雙親驟然長逝後，我暗自下決心：「一定要把握當下完成目標，以免後悔莫及」，如今才深知「悔不當初」的箇中滋味，實在令人痛心。

早知如此，為何當時不早點讀追悼集呢？為何不儘早將重要的事問明白呢？

父親若還健在，今年已高齡八十三歲。曾與他共度青春的同伴，也逐漸難敵歲月的摧折。恐怕如今為時已晚，若能提早個五年，可能一切都還來得及。

就像是雙手頻頻牽引來的線，禁不住我的執著應聲而斷，一股難以形容的失落感朝我襲來。

或許我並沒有從父母雙亡學到任何教訓，仍是如此青澀。我滿心後悔，感覺踏上格外漫長的歸途。

儘管如此，當我聽到「ガンテキ是我今生的至交」這句話時，心中仍獲得救贖。他們是生長在同時代、患難與共的夥伴。假如在我離世後，是否有人會自稱為我的「今生至交」？如此一想，父親真是何其幸運啊。

戰後父親從臺灣偷渡返日，就住在信濃町犬養邸。犬養康彥先生與雙親也同住這間館邸。而日後成為評論家的犬養道子[41]女士，則是康彥先生的胞姊，當時究竟住在此或赴美留學，則不得而知。康彥先生的夫人犬養智子[42]女士是一位作家，之後也與父親相識。

光就此來看，犬養家不愧是名流輩出。

我將未整理的名片翻面一瞧，發現其中有智子女士的名片，乳黃色底，印著青藍

---

[41] 犬養道子（一九二一—）：知名評論家，亦從事聖經研究和相關著作撰寫，犬養毅之孫女。

[42] 犬養智子（一九三一—）：舊姓名為波多野智子，身兼評論家及作家，積極關懷女性問題。

字樣。父親曾把犬養家族當作「在日親人」，我與這個家族之間，終於出現一絲牽繫。

一個夏陽燦爛之日，我從澀谷車站穿越松濤，一徑步向神山町。智子女士的女兒、亦是散文家的亞美小姐，穿著一襲紅豔洋裝，在自宅前路旁朝我招手。

犬養邸是一幢白色洋館，進入裡面，客廳依舊放著父親昔日慣坐的椅子，室內時尚品味十足，彷彿是咖啡座，壁上懸掛好幾幅畫，又像是雅緻的畫廊。智子女士穿著鮮藍色長褲，坐在古董雕刻雙肘椅上，聊著有關父親的見聞。

智子女士出身於波多野家，是著名的實業家族，曾就讀學習院，大學時期與康彥先生邂逅，在學中即步入婚姻。

一九六八年，智子女士出版的《家事祕訣集》成為暢銷書，從此身兼作家和評論家，活躍於文壇。她說話風格直率，令人心情爽悅。

「犬養康彥和顏惠民，就像漢堡麵包配漢堡肉，天生一對。」

追悼集中，她以文筆家獨到的手法，點出這對難兄難弟的友誼。

智子女士結婚後，住在信濃町的犬養邸，父親則是更早就已借宿在此，二樓三坪大的洋式房間裡，擺著睡床桌几等家具。

「ガンテキ是阿康的摯友，犬養家若沒有他，就不像個家族。」

「他很值得信賴、散發著溫和而堅強的氣質。這個男人很優秀，是『大人』喔。」

智子女士對父親如此評價。

聽到「大人」兩字，我一時無法會意，反問道：「是什麼意思？」

她便回答：「就是凡事處變不驚，能以寬容之心待人者。」

我順便問：「家父受女生歡迎嗎？」

「那當然，很受歡迎呢。好多女生倒追他，據我所知就有三位。」她還透露了這些軼事。

智子女士和亞美小姐細細敘說父親與犬養家族、以及與日本的關係。這些對我來說，皆是初次耳聞。

父親顏惠民在臺灣出生，就像當時許多上流階級的子弟般，年僅十歲就跟隨母親（我的祖母）和胞弟惠忠遠渡日本。據說租下兩層樓的木造洋房，就在東京麴町的番町小學附近，祖母待生活安定後就先行返臺，留下女傭照顧兩兄弟的起居生活。

父親十三歲自番町小學畢業後，進入學習院中等科，與同班同學犬養康彥結識。一九四四年（昭和十九年），祖父在市之谷郵局旁購買雙層樓房，父親從此遷居新

父親與犬養家之間具有某種奇妙的因緣，犬養一家宛如父親的東瀛親人。

宅。豈料翌年發生東京大空襲，新宅被大火吞噬，犬養家族收留了無處安身的父親。

暫住犬養邸的父親得以繼續上學，他自幼與雙親分離，便將犬養健之妻，也就是康彥先生之母仲子夫人視為母親，崇以孺慕之情。仲子夫人也疼愛父親，視如己出。

戰爭末期，根據義勇兵役法[43]的規定，父親與康彥等在校生必須加入學習院的國民義勇隊。疏散至鄉下後，父親被分配到岩手縣膽澤郡相去村的青年培訓中心，就是當時的六原道場。終戰之日，父親前往日光的培訓中心收取帳篷，途中順道走訪日光金谷飯店，就在此時聽聞玉音放送。

兩年後（一九四七年），父親和弟弟透過在日臺籍人士的撤離管道，終於回歸故鄉臺灣。

犬養家族和諸友都以為再也無緣相見，殊不知他竟在兩年後（一九四九年）偷渡日本。

當他突然現身在犬養家玄關前，仲子夫人只當是遊子思歸，說：「哎呀，阿顏，歡迎回來」，再度讓他入住家中。父親遭到警方逮捕的時間，則發生在一九五三或

[43] 義勇兵役法：一九四五年六月公布，第二次世界大戰末期，為因應日本全國進入決戰時期，號召全民與軍方合作，參與通訊聯絡、軍道鋪設等工作。

一九五四年年初。

有關此事，我並沒有得到康彥先生的正面答覆，我繼而請教智子女士。她說：「我只聽說惠民不是偷渡，是被錯認成另一位同名同姓的中國人，才誤遭逮捕。當時他被拘禁在警視廳時，婆婆曾跟我一起去探望呢。但令我百思不解的是，為何當時擔任法務大臣的公公向警視廳保證說：『顏惠民是小犬的至友，不會涉及非法』，警方卻不肯立即釋放。日後聽惠民說起，他也表示不可思議。」

父親不久即獲釋，回歸原來的生活。當我得知父親被捕的原因，並不是什麼作姦犯科的大罪時，不禁鬆了口氣。我相信父親不會犯下殺人、販毒那種重罪，但或許我原本期待會有什麼戲劇化的發展，不免有些悵然若失。

東渡日本後，父親與犬養家的相處過程，輪廓愈來愈分明。他對這個比自己血親相處更長久的家族，產生絕大信任。犬養家族也認為，康彥和ガンテキ是「令人聯想到漢堡似的天生一對」。智子女士甚至表示：「犬養家若沒有他，就不像個家族。」父親於是以「漢堡肉」之姿，完滿包融在犬養家的溫情裡。

智子女士的女兒亞美小姐，當時年僅四、五歲，對父親仍有深刻印象。她說：「令尊是一位神情略帶靦腆的紳士，散發詩人氣息，在稚子眼中也充滿魅力，我很喜歡他來家裡作客。」
亞美小姐的兄長千春先生，比她年長六歲，對幼時與父親相處的情景記憶猶新。父親在滑雪場時，會在新積雪堆中背著小千春，當小男孩在急坡上無法動彈時，父親會背著他一起溜下來。在千春先生眼裡，父親是位「有擔當」、「比親生父親還可靠的人」。我為父親能關懷和照顧別人子女，感到相當驚訝。
「雞絲麵」、「烏魚子」、「牛肉乾」、「肉鬆」，這些都是父親帶給犬養家的道地臺灣美食，至今仍讓他們回味再三，是令人懷念共享的好味道。
據千春先生所述，他只見過性情溫和的父親發過一次怒。
此事發生在父親邀請犬養一家到原宿的南國酒家用餐時，他曾事先向店家要求每道菜都做成臺菜風味，卻在「乾燒蝦仁」上桌時引發了不愉快。父親喚來主廚，怒道：「臺灣的乾燒蝦仁從來不放糖，為何這盤吃起來口感帶甜，你們一定有偷加糖提味。」據父親事後說明，他特地請重要的熟友們品嚐道地臺菜，店家卻辜負美意，他才為此感到憤慨。父親原來對口味如此執著，在我聽來也十分驚奇。
另一位犬養家的名人，就是康彥先生的胞姊、評論家犬養道子。她在我執筆這本書的二〇一一年時，已高齡九十歲。道子女士目前居住在神奈川縣中部的安養中心，我決定寫信問候，她立即捎來筆跡娟秀的回信。

顏妙小姐

好懷念啊！探望令尊「ガンテキ」之後，我與令堂和妳到烏龍麵店用餐，已是好久以前的事啊。

ガンテキ的事情，我們找機會慢慢聊，如何？

從「殖民地」到「戰勝國」。相信這樣的轉變，讓他內心充滿煎熬。

父親生前稱道子女士為「姊姊」。

根據道子女士書寫於追悼集的軼事中，可以知道絕症末期的父親住在玉川醫院時，得知她來探訪，拖著虛弱病體想勉強起身，呼喚一聲：「姊……姊」。當他伸出左手，被道子女士緊緊握住，喚問著：「ガンテキ，你還好嗎？」

道子女士在追悼文中記述父親是：「彷彿空氣一般，許久以前就理所當然的存在似的」、「並無特殊之處，卻蘊含某種稱得上是存在感的特質」。

她還提起犬養健先生於一九六〇年辭世時，是由父親負責殯喪事宜，例如整頓靈堂，因應弔唁賓客等等。他主動向犬養家表示：「請讓我們做子女的打點一切。」

父親敬重如母的仲子夫人則於一九六六年辭世，道子女士目睹即將出殯前，父親坐在夫人遺體前深深凝視的模樣，就在追悼集中記述：「那彷彿是孩子渴仰母親的眼神。」

道子女士體況欠佳，以致我們無法會面。但從醫院病房與父親最後相見以來，已歷時二十五載。至今她仍稱父親為「ガンテキ」，甚至寫信給我，真是不勝感激。

此後，犬養家族每當想起與父親共處的軼事，就會跟我聯繫。如此溫馨的氣氛，令人十分開心。我憑空想像父親自幼與親人離異，想必生活十分寂寞，所幸獲得如此善良優秀的犬養家族眷顧，相信他一定很幸福。

透過與犬養家接觸，那位讓我感覺陌生的年輕父親的真實面貌，開始朦朧地浮現於眼底。

「我跟ガンテキ是在『顏寓』邂逅的喔。」父親的知交之一安田つたゑ（tsutae）女士如此說道。

追悼集中，有一位女性表示曾對父親「懷有好感」，此人就是つたゑ女士。尊夫是已故評論家兼作家安田武[44]，也是父親的友人之一。安田先生著作等身，代表作之一，就是與評論家多田道太郎[45]的對談集《試讀「粹」的構造》。安田先生雖非學習院出身，但是從小是曾在該校執教的思想家清水幾太郎[46]的門徒。つたゑ女士昔日曾任職於紀伊國屋書店的西文書部門，後來也加入父親的社交圈子。

母親去世後，つたゑ女士也以新年賀卡與我保持聯繫，總是寄來漂亮的明信片，上面書寫的內容十分貼心。つたゑ的「ゑ[47]」這個古字很罕見，令人印象深刻。

父親不但愛自取綽號，也喜歡幫朋友取，つたゑ叫作「茲塔莎」，據說就是他取的。當時有部賣座電影《真假公主：驚異之旅》[48]的女主角名叫安娜塔西亞，父親便借用此名。

追悼集中，つたゑ女士如此寫道：

> 我們是在昭和三十三年[49]夏天相識，地點是信濃町犬養公館某角落的「顏寓」……初次相識，我對他一見傾心……此後魚雁往返，有時久久音訊杳然。其女小妙報考學習院中等科，等待放榜期間，某日他突然來電，問說：

「能否陪我聊一下？」

文中提到的「顏寓」，就是父親的住處。

犬養邸內有原來門房的住房，但父親不想給人倚靠別人的食客身分的感覺，便主動遷居至此。這裡是阿顏的專屬空間，大家稱之為「顏寓」。

父親在婚前，是否與つたゑ女士交往過？

我從新宿搭乘特快列車「舞子號」，前往伊豆與つたゑ女士相會。在車上，我一直為是否該直接打聽：「您與父親交往過嗎？」「您向父親表白過嗎？」的問題，感到為難。抵達伊豆高原車站，戶外下著滂沱大雨。

㊹ 安田武（一九二二—一九八六）：評論家，以關心戰爭經驗及日本文化史為主題，主要著作有《戰爭體驗》、《藝與美的傳承》、《昭和東京私史》等書。

㊺ 多田道太郎（一九二四—二〇〇七）：法國文學家及評論家，京都大學榮譽教授。

㊻ 清水幾太郎（一九〇七—一九八八）：社會學者、思想家，關心當世社會議題，代表著作有《流言蜚語》、《社會學講義》、《社會心理學》等書。

㊼ ゑ：同「え」，發音為「e」。

㊽ 《真假公主：驚異之旅》：西元一九五六年美國製片，根據俄國末代公主安娜塔西亞在革命時期生死成謎的軼事，衍生出俄國將軍與神祕女子間的一段浪漫邂逅。由英格麗·褒曼和尤·伯連納領銜主演。

㊾ 昭和三十三年：一九五八年。

一位戴眼鏡的短髮女士在剪票口等候，我們從車站步行十餘分鐘，來到咖啡廳。我果然對原本最好奇的問題欲言又止，我先詢問起她與父親如何相識。

他們最初相識的「顏寓」，除了面向南側庭院的起居室和食堂之外，只有浴室、廚房、寢室而已。這間平房的規模是單房兩廳加廚房，堪稱是麻雀雖小、五臟俱全。穿過花木扶疏的庭院，眼前是犬養邸的主屋廚房，端茶送菜毫不費工夫。「顏寓」旁有大銀杏樹，即便是白晝也薄暗，有人稱此處為「綠蔭沙龍」。

犬養邸距信濃町車站步行約三、四分鐘可達，地點既近便，友人可整日自由進出「顏寓」。三多利威士忌的角瓶和日本酒從玄關一路排至房間床底下，若不夠，附近還有酒莊，從來不乏杯中物。

天花板上掛著一根繩子，懸著臺灣老家寄來的特產烏魚子，隨時可取來一嚐。將絞肉加入大蒜末、雞蛋等攪拌均勻，擠成一顆顆滾圓恰到好處的丸子放入鍋裡，接著使勁快切洋蔥、高麗菜下鍋一起燉煮，便可完成一道清純口味的肉丸鍋，別名為「ガンテキ鍋」，這道菜大受好評。還有把整隻雞搭配白菜、青蔥燉煮一整夜，這道也是父親的拿手菜。訪客總是把雞肉吃個精光，據說父親總是拿剩湯煮粥吃。

據說父親藏書之多，整面牆的書櫃都裝不下，連房間和室門上橫梁上的棚櫃也堆得滿滿的。書評介紹的新書中，只要有「想看看」的書籍，在這個房間裡大致都能尋獲。

酒足、飯飽、藏書香，年輕人怎能捨得不來？

犬養邸後來喬遷松濤，父親也轉往當地租屋，過起單身生活。而松濤的新居仍是知友雲集，大家同樣稱為「顏寓」。

「顏寓」以ガンテキ為核心人物，主要是學習院、早稻田時期的舊友，或是登山客、滑雪同好來訪，無關乎年齡、性別，形形色色的人物在此相聚。令人驚訝的是，據說岡村昭彥㊿也是座上賓，他從初等科開始在學習院就讀，曾參與越戰，是一位充滿傳奇性的戰地攝影師。

つたゑ女士的尊夫安田武先生亦是「顏寓」常客，而且つたゑ女士也不知何時開始在「顏寓」露面。

煙霧瀰漫中，年輕人把酒言歡，究竟談了什麼？

つたゑ女士如此說道：「只要去顏寓，可能會遇到未知的邂逅。這地方讓人擺脫

㊿ 岡村昭彥（一九二九—一九八五）：親赴戰地前線拍攝，透過鏡頭呈現戰場實錄，代表作有《南越南戰爭從軍記》等多部攝影著作集。

現實的束縛，大家都想在此追求安寧吧。」

光聽這些描述，就覺得「顏寓」能喚起心靈寧靜。這種地方，想必現代日本已不多見了吧。父親能與友人共度這般流金歲月，令我欣羨不已。

據つたゑ女士所述，許多女性友人也常走訪「顏寓」，父親性格上不會對女孩子獻殷勤，卻頗受異性青睞。他既不帥氣，頭頂稀疏，又生了一張大叔面孔，為何會受歡迎，真讓我百思不解。據說雙親開始交往的事，還成為女性友人間的八卦。

我試問つたゑ女士有關偷渡和逮捕的事件，她只風聞事實，既不是相關者，並不清楚詳情。

最後我下定決心試著問道：「您在追悼集中表示喜歡家父，是真的嗎？」

つたゑ女士泛起微笑回答：「我喜歡過ガンテキ，卻不是熱戀愛慕那一類型，總之就是希望他在某處開心過日子就好。ガンテキ對我也是這種感覺，我們是心靈相通喔。」

雙方各自擁有家庭，我想像兩人心中懷著柏拉圖式的溫情互相關懷，我認為這樣的關係很唯美。つたゑ女士看護罹患癌症的丈夫安田武長達十年，直到他逝去，她寫下看護紀錄並出版了《只要活著的一天》（看護科學社，一九九一）。我閱讀後，發現

書中提到了自己的雙親，更深切感受到つたゑ女士和父親的牽絆。

無關乎年齡性別，人人受吸引，喜愛在「顏寓」歡聚一堂，這裡有一位閒適之主顏惠民。其人風格被譽為「大人」，他不忘為訪客準備美酒佳餚。這幅景象，鮮明浮現於我腦海中。

身為富豪鉅子，必須繼承家業的長男，父親從二十出頭，到年逾四十步入婚姻，悠然度過二十年的歲月，若有人認為他是高等遊民自由放逸，也是無可厚非。然而，或許正因為擁有與諸友在「顏寓」的回憶，才成為促使他日後奮鬥的動力吧。

父親在「日本」的生活點滴，輪廓已愈來愈鮮明。我繼而想更進一步瞭解「臺灣」的部分。

有關臺灣，我倒是聽聞了一項好消息。

為了慶祝「辛亥革命一百周年」，二〇一一年籌辦了紀念活動，因此舉行了「臺灣五大家族特展」。父親出生於顏家，是臺灣的五大家族之一，展覽會將提供相關的歷史解說。如此因緣巧合，讓我甚至相信是父親冥冥中的指引。

所謂臺灣的五大家族，就是指日治時期，在臺灣政經界中發展最為卓越的五大望族。由北至南分別是基隆顏家、板橋林家、霧峰林家、鹿港辜家，和高雄陳家。板橋林家以土地開發為始，目前仍擁有最多的土地；霧峰林家以軍政馳名，創立了今日的彰化銀行。這兩戶林氏家族皆於清代便已在臺確立了兩大家族的地位。

另一方面，基隆顏家以礦業發跡，因採煤和淘金而致富。鹿港辜家以鹽產起家，目前擁有臺灣水泥和中國信託銀行。高雄陳家以製糖起業，至今保有高雄附近的龐大土地，子孫輩多出任高雄議會的歷屆議長。這三家是從日治時期興隆發展，與前述的兩個林氏家族共稱為五大家族。父親留在書櫃裡的《臺灣五大家族》中文書，亦有相關描述。

展覽地點位於臺灣中部南投縣中興新村的「國史館臺灣文獻館」，我與主辦者事先取得聯繫，將父親姓名告知對方，說明了自己的身分，主辦者除了為我解說介紹，還提供了彙整的資料給我。

中興新村曾是臺灣省政府的所在地，昔日的省府廳舍氣勢恢弘，沿用至今。周圍官舍林立，還設有幼稚園、小學、國中、高中，以及市場、商店街、醫院等等，設施一應俱全。這個市鎮規模之龐大，讓人覺得若在此地出生就不必離開到外地打拚，可享受面面俱到的福利。整個社區是闢山而建，就像忽現眼前的世外祕境。

但是，一九九〇年代後期廢省後，除了少數行政機關之外，大都遷離了。我到中興新村時，感覺那裡活力已失，成了人去樓空的大型住宅區。

舉辦「臺灣五大家族特展」的原因，是基於五大家族昔日對臺灣的政治、經濟、社會的發展有長足貢獻，屬於臺灣史上不可或缺的要素，故而成為紀念「辛亥革命一百周年」的活動企畫之一環。

我以前對顏家的起源不甚感興趣，這次展覽卻成了我絕佳的學習機會。除了展示品之外，還包括主辦者提供的資料在內，我在此自行彙整為「認識顏家」的主題，將相關知識說明如下。

■一．根源：從福建至臺灣

關於顏家起源，據說可溯至孔子最傑出的弟子「顏回」，也因此顏家歷代格外重視儒家思想。唐代的知名書法家「顏真卿」，據說亦屬於顏氏家族。不過大抵傳於青史的同姓人物皆可列入家譜，上述說法不必全然當真。

此後，顏家輾轉於中國各地，最後落腳在福建安溪，當地以生產烏龍茶聞名。清朝乾隆時期，一位名叫「顏浩妥」的人物渡臺，以捕魚維持生計，一七九五年遭逢大饑荒，被迫返回中國。此後，「顏浩妥」之子「顏玉蘭」和「顏玉賜」兩兄弟繼承父志，渡海至臺中，兩人遂成為臺灣顏家的始祖。

一八一四年，顏氏兄弟自臺中遷居北部，一八四〇年代，「顏玉蘭」之子「顏斗猛」與「顏玉賜」之子「顏斗博」在北部購買九份土地。

一八六六年，顏家在現今九份附近的「鰈魚坑」建起磚瓦屋，刻造了一方名為「福隆居」的石碑，並在上面篆刻了「渡臺始祖」四字。這塊石碑仍存於後世，至今仍可觀覽。

「顏斗猛」在務農之餘兼採煤礦。一八九〇年，就在「顏斗猛」之子「顏正春」時期，居然在九份附近的基隆河上游發現大量沙金，「顏正春」正式進行開採，從此為顏家帶來鉅富。

《臺灣列紳小傳》中，有關顏正春也記載了：「正春偶採砂金，獲巨利，蓋天授也。」

顏家自此邁向了成功之途。

■二・三代礦山王

【顏雲年】

顏斗猛有三子，分別是正選、尋芳、正春。顏尋芳的次男是顏雲年，正是奠定臺灣礦山王顏家根基的人物。

顏雲年自幼聰穎出眾，家中寄予厚望。一八九五年（明治二十八年）進入日治時期，同時亦廢除了科舉制度，顏雲年從此斷絕出仕的夢想。

日本最初統治臺灣之際，各地民變頻仍，社會陷入混亂。顏正春擔任庄長，負責調解鄰近地區的人事，當時在日本憲兵隊擔任當地守備的村野隊長這個人物，要求顏正春「立即參與衛護」。

顏雲年代替叔父顏正春出面，當時他只是弱冠青年，年僅二十二歲。

因顏雲年不諳日語，村野隊長與他透過筆談交換意見，深深驚訝於這個青年的淵博學識，才智機敏，就派他在地方調解鄉民與日本人之間的糾紛。

另一方面，日本政府覬覦九份的金礦巨利，於一八九六年九月公布〈臺灣鑛業規則〉，規定唯獨日本人享有採礦權，徹底剝奪臺灣人的權益。

接著明治時期，日本關西財經界的巨擘藤田傳三郎[51]創設了「合名會社藤田組」，取得包括九份在內的瑞芳地區所有的採礦權，正式展開營運。當時天資聰穎的顏雲年，憑著獨自苦學學會日語，成為藤田的口譯員。

順便一提的是藤田組就是今日藤田觀光的前身，藤田傳三郎位於大阪的本邸，如今改稱為太閤園。另在東京、箱根建了別墅椿山莊和箱根小涌園。藤田組雇用臺灣礦工挖掘，卻由日本人獨占利益的做法，引發臺灣人抗議，礦工將礦藏納入私囊，一時盜金之舉橫行。藤田組陷入經營不振後，決定將採礦權租給臺籍人士。

顏雲年身為口譯員，向來獲得藤田組的信任，他認為這是千載難逢的致富機會，決定與叔父顏正春商量。

「如欲自家中提出八百圓，則今後須放棄分家產此一權利……」

顏正春生性保守，拒絕要求，顏雲年並未死心，說服知交舊友湊齊了五百圓，加上個人私蓄，取得基隆河流域的部分採礦權。接著一八九九年，顏雲年二十五歲之際，全臺抗日運動正熾，九份也受到波及，藤田組於是將更多礦區交由顏雲年負責經營。

一九〇三年，顏雲年創立私人公司「雲泉商會」，參與提供物資和礦工名額，同時開始發展運輸業。另外，藤田組經營的金礦業受到與臺籍勞動者屢次衝突的影響，產量逐漸減少。至一九一四年時，終於以總價三十萬日圓簽訂了七年契約，將金礦經營權完全讓予顏雲年。

顏雲年研判藤田組失利的原因，是採取獨占的經營策略所致，便更改模式，基本上以採礦權分租給礦工的方式營運。目的在於刺激礦工積極投入工作。原本被視為「廢坑」的九份，再度開始生產大量金礦，一九一七年以二萬一千零四十三兩的產量，達成有史以來的最高紀錄。挖金潮來臨，大量人口移居此地，九份一帶繁華鼎盛，甚至有「小香港」之稱。

在這過程中，一九一二年（大正元年）藤田傳三郎去世，一九一八年，藤田組正式表明放棄經營，決定改由顏家繼承，顏雲年時年四十四歲。顏家因長年援助藤田組，傳三郎的長男藤田平太郎為表謝意，開出絕佳條件，僅以四十萬日圓破格的低價，將瑞芳礦山一切產權讓售給顏家。

除了金礦之外，顏雲年也進行煤礦挖掘，與日本三井財團及木村久太郎[52]等實業

[51] 藤田傳三郎（一八四一－一九一二）：藤田財團創始人，與兄長共設藤田組，最初從軍需、礦山，逐漸擴展事業至營造、金融、媒體等領域，曾為日本關西財政界的首要企業家之一。

[52] 木村久太郎（一八六七－一九三六）：最初在臺灣參與鐵路工程，繼而開發基隆礦產、營造、造船等事業，就此邁向致富之道。

家攜手合作，事業擴及水產、鐵路、信託、製糖、倉庫、工業、船舶、林業。顏雲年成為全臺第一的礦山王，將私營公司改名為「臺陽鑛業株式會社」。在此時期，顏家名實皆達於巔峰。然而，一九二三年顏雲年意欲擴展事業版圖之際，不幸罹患傷寒，英年早逝，得年四十九歲。

【顏國年】

兄長顏雲年逝去後，由其弟顏國年承續志業，事業進展十分順遂。一九二四年，顏國年為了增廣見識赴大陸考察，隔年成為臺灣首位遠渡歐美的人物。他的足跡遍及香港、新加坡等十六國，總計兩百二十一日的長途旅行。返臺後，顏國年將環遊見聞撰寫成冊，出版了《最近歐美旅行記》一書。

顏國年事業有成，遺憾的是顏家歷代陽壽未盛。顏國年於一九三七年（昭和十二年）患糖尿病去世，得壽五十二歲。

【顏欽賢】

第三代礦山王是顏雲年的長男顏欽賢，也就是我的祖父。顏欽賢出生於一九〇二年（明治三十五年），幼少時期赴臺灣的「本土」[53]日本求學。一九二八年畢業於立命館大學，當時正值父親顏惠民出生。祖父於翌年返臺，進入顏雲年與三井財團出資共創的「基隆炭鑛株式會社」學習經營事業。

一九四一年太平洋戰爭爆發之際，國際金市交易中斷，金價暴跌廉如鐵屑，此事件對顏家事業首度投下暗影。一九四三年，日本政府命令停止採礦，一切礦山設施轉被軍隊徵用。

一九四五年日本投降後，中華民國政府接收臺灣。同時九份礦山也被納入中華民國政府的管轄。然而，顏欽賢試圖重振九份的礦山事業，不遺餘力恢復採礦設施。一九四六年中華民國制定憲法，顏欽賢以臺灣代表身分赴南京參加制憲會議，也開始在政界積極嶄露頭角。

但是，一九四七年發生了民眾蜂起反抗的二二八事件，顏欽賢以臺灣代表身分居中協調，向中華民國政府請求和解，卻在鎮壓行動中被列入三十名的「首謀犯」，而遭到通緝。祖父被迫長期逃亡，匿名潛伏。

[53]「本土」：日文的本土表示國家的主要國土，相對於殖民國、離島。

隨著時移世易，政府頒布禁令禁止自由買賣黃金，加上能源使用方式改變，黃金和煤炭的市場需求量減少，終於在一九七一年十二月，顏家決定正式封山。此後公司重心移轉至相關企業營運，一直延續發展至今。

有關「偉大祖父」顏欽賢的印象，至今我仍記憶猶新。

他與父親同樣個子小，頭頂光亮，目光犀利，總是拉開嗓門大聲說話（日臺語並用）。個性喜怒分明，比父親表情更為生動，卻予人一種不易親近的緊張感。記憶中，每周只有一次可紓解這種緊張感。

當時祖父連日赴筵洽談公事，假日也忙於商界活動，夜間總是在外應酬。祖父原本是美食家，酒量更是豪邁，罹患有富貴病之稱的「腎功能不全」和「糖尿病」。當時臺灣沒有透析機器設備，祖父的專用機器是由國外引進，設置在臺大醫院內，他定期前往接受治療。

透析過程結束，祖父撇去一身包袱，恢復食欲，開始大啖最愛吃的壽司等美食。返家後，老人家露出和藹笑容，心情樂開了懷。

直到命終之日，祖父從沒把病字放在心上，盡情享受飲食的甘美滋味。工作之餘，祖父最鍾愛的就是美食吧。他得以享壽八十一歲，真是有福之人。

我有時也想起祖母。

她總是一襲家居服，深居在房。祖母出身士林望族的「郭家」，與顏家同是名門。幼時她代表全體同學，在日本貴賓來校訪問時朗讀迎賓辭，是校內最優秀的才女，而且貌美出眾。據說祖父就是為她的才貌所傾倒，因此登門提親。

祖母共生育了十二名子女，她身軀嬌小、性格嫻雅，這種形象恰恰符合她堅毅的性格。

雙親結婚之後，祖母屢次寄信給母親。

我手邊還保存著祖母在我出生後寄來的信件，她以秀麗的日文字體寫道：「深盼全家早日歸臺，共享天倫之樂。」

書信結尾，寫著婦女在日文私信使用的結尾語「かしこ（kashiko）」。相信包括我在內的現代日本人，都寫不出如此格式完整的信，讀來令人汗顏。

我曾半開玩笑地向臺灣的姑母（父親的妹妹）問道：「所有的叔叔姑姑，真的全是阿嬤的親骨肉嗎？」

姑母便回答：「臺灣跟美國一樣，企業宴會常需要夫婦聯袂出席，妳阿嬤不善於應酬，根本不想露面。只要有孕在身，就有藉口不必參加，她才總是大腹便便啊。」

原來如此。從某個角度來看，祖母擁有鋼鐵般的意志。

關於顏家，我聽過不少傳聞：

「從臺北到基隆都是顏家的。」

「顏家那塊地有兩個車站。」

「顏家的庭院望不到邊際。」

事實上都是言過其實，當時顏家位於基隆宅邸的「陋園」裡，有寬廣的日式庭園，日治時期被列為臺灣三大庭園之一。從舊照片中的確可見占地廣大，總面積六萬餘坪以上的陋園，有和洋兩式建築，以渡廊相通。從父親居住的洋館側門到玄關，距離長達一公里以上。

陋園是臺北和基隆小學生遠足的景點，昭和天皇來臺視察時，曾指定此地為下榻處。遺憾的是，庭園和館邸皆焚毀於空襲戰火，日本投降撤退後，改由中華民國政府接收，如今整頓為「中正公園」。顏家保留部分土地，建造了祭祀歷代祖先的宗祠「顏家奉安塔」。

宗祠裡奉納顏雲年、顏國年、顏欽賢，以及父親的部分遺骨，每年八月十九日開塔，顏氏宗族齊聚一堂祭祖。這些年移民海外的子孫漸多，聚集人數逐年遞減，印象中，我個人也只參與了兩次而已。

透過這次展覽，讓我窺見顏家的發跡和興盛始末，實際上，這些舊事就像是教科書記載的史料。然而，父親實際承受的壓力、繼承三代礦山王的經歷，卻是不爭的事實。常言道：「富不過三代」，其實從第三代祖父接掌家業時，礦山事業就已日趨式微。父親身為第四代，被迫面臨企業轉型，當時壓力之沉重，其苦惱遠超乎想像。

假如我是男生，將成為顏家第五代、必須面臨繼承父親家業的命運。幼時，記得母親對我說：「好險啊，還好妳不是男孩子。」萬一真是男丁，我將無法在日本從事演藝和牙醫工作，必須返臺繼承祖業。如此一來，我將會採取什麼行動？我離開南投的「臺灣五大家族特展」會場時，不禁試問自己。

昔日居住臺灣，我常與母親一起在國賓大飯店二樓的廣東料理店飲茶，這間飯店大廳真令人懷念。如今我就在大廳裡，與父親的舊識相約見面。

兩位和藹可敬的長者駱文森先生和林海泉先生，渾身散發東瀛氣息，以流利日語問道：「妳就是惠民先生的千金顏妙小姐吧？」

他們說的日語非常道地，感覺與「日本人」無異，兩人原是父親任職「臺陽公司」時期的資深員工，紛紛帶著懷念之情，談起對父親的回憶。

一九七〇年，祖父顏欽賢擔任董事長之際，這兩位長輩開始任職於顏家企業，對顏家發展史瞭若指掌。其中談得最起勁的話題，就是一九四七年發生的二二八事件。

先前稍微提到的二二八事件，就是臺灣人不滿國民黨政權而引發的抗議運動，結果遭到軍隊鎮壓，釀成許多犧牲者的悲劇。許多無辜的臺灣人被捕入獄或被處以極刑，在日治時期擁有名勢的望族也難以倖免，顏家同樣受到波及。曾發生過一些案例，是某些國民黨高級官僚覬覦望族的財勢，專門鎖定目標逮人。

祖父顏欽賢身為當家之主，擁有基隆一帶勢力，日本投降後，也在臺灣社會中深具威望及影響力。

二二八事件發生後，祖父以基隆地區「處理委員會」的代表身分，擔起調解民眾和國民黨政權之間糾紛的角色。當時，國民黨政權表面上有意與處理委員會溝通，卻在鎮壓部隊來臺後態度丕變，將處理委員會代表視為叛亂分子，紛紛加以逮捕，因此祖父只得倉皇逃匿。

根據駱先生的說法，當時父親的三弟顏惠卿還是高中生，不知外界風聲鶴唳，在街上遭到警察逮捕。國民黨官僚得知惠卿是欽賢之子，欲向顏家索財，祖父雖正在逃亡，家裡還是設法湊足贖款交給警察，惠卿才被釋放，僥倖保住性命。

隔些時日世局漸穩，祖父在警方解除通緝令後，結束了逃亡生活。

父親被從日本遣返回臺的時間是一九四七年五月。二二八事件發生當時，他尚在日本。而父親返臺之際，正面臨國民黨政權展開鎮壓，全臺陷入恐慌的時期。

追悼集的內容中，記述了父親自學習院高等科輟學，準備返臺時的情況。

根據某位前往送行的友人回憶，父親自東京車站搭乘特別列車前往九州，即將搭船返臺。夜間特快車燕子號的展望客車內，臺灣人以「戰勝國」之姿返鄉，大家顯得興奮異常，唯獨父親了無興致，態度冷靜。

另一位在京都大學深造的友人則表示，當時前往京都車站，原本要為搭乘特別列車的父親送別，卻被父親硬邀上車同坐了一小時，一路坐到神戶站。這位友人寫道：

> 他的同胞坐滿整列車，眼見我們兩人入座，全投來異樣眼光，其中有不少透著強烈敵意，我們承受眾目睽睽的壓力，列車啟動。他的胞弟就在鄰座，

甚至流露出困惑的神情，與我們保持距離。令人悲傷的是，從太平洋戰爭結束之日起，彼此的關係頓時驟變，對聯合國的國民而言，日本人已是敵國子民……唯獨他泰然自若，神情不帶一絲芥蒂，時而發出笑聲，無限懷念似的不斷聊著與同伴們歡度的時光。

對父親來說，前往臺灣的「特別列車」別具意義。或許永無再訪東瀛之日，永無與群友相見之時。他強忍落寞，直到最後一刻，都以日本人身分對待朋友，這點令我十分佩服。

返抵國門後，父親首先目擊的就是二二八事件，無從想像他心靈上所受的震撼。我腦海中浮現大批思想犯在綠島身陷禁錮的景象，感到不寒而慄。白色恐怖下的無數犧牲者，他們的姓名被刻滿在「人權紀念碑」的整片牆壁上，祖父和父親曾有可能名列其中。

曾受日本培育的父親，被迫與摯友分離，從「日本人」恢復「中國人」的身分返臺。正打算以中國人的新身分在臺灣重新生活，此時，卻目睹來自大陸的「中國人」對臺灣百姓的鎮壓事件。國家、政治、人類……這一切應該都讓他心灰意冷吧。

之後父親偷渡日本，與母親共結連理，決心再度返臺，任職於顏家的公司企業。兩位長輩最後談起父親的工作情況，笑著說：「令尊對屬下很溫和，是個有魄力的老闆。」

印象中，父親總是在家，裹著和式睡衣，一手菸，一手酒。我真無法想像他埋首工作的模樣，但可確定的是他並非遊手好閒，總算稍微鬆了口氣。

父親共有十二名手足，最小的弟弟與他相差二十幾歲，加上自幼與家人疏離，遠赴日本生活，胞弟們不甚瞭解父親的事情。父親曾與大弟顏惠忠共同赴日留學，卻因上次那場家族政變，我與二叔的關係陷入不便聯繫的處境，十分遺憾。

近親之中，難道沒有任何人對父親留下印象？

我這麼思考時，想起了一件事。

父親在婚後返臺繼承家業，時值一九七〇至八〇年代，他總在周末帶母親、我和妹妹去某戶人家打牙祭。究竟是去拜訪誰家、又與何人見面呢？

這個答案就在箱子裡的照片中。

臺北郊外，我和妹妹與堂兄弟在敞廳裡，正玩著「比武過招」。當時拍攝的一張照片，讓我重拾了記憶。

我們姊妹都稱呼這位大叔為「貓叔叔」。

當時我們在臺灣養寵物，不巧紅耳龜死去，虎皮鸚鵡逃得不見蹤影。我和妹妹纏著大人說：「好想養貓哦！」這位叔叔便送了我們一隻漂亮的暹邏貓。

他就是父親的堂弟顏惠霖，顏欽賢胞弟顏德潤的長子，與父親僅相差一歲。

臺北郊外的陽明山高級住宅區，彷彿是比佛利山莊的氣派豪宅。從建在山坡的三層獨棟樓房，可眺望整個臺北市區，玄關飼養著哈士奇犬和拳師狗。來到屋內，擺放中國富貴家庭喜愛的大理石和鏤雕家具，裡側放置了一張中國餐館常見的轉盤式圓桌，廚師總會從裡面端出美食，都是剛煮好的中華料理。

屋外的游泳池、室內挑高天花板懸吊的水晶燈，還有溫室裡擺著堂伯母怡情養性種植的無數盆蘭花盆栽。還記得我和妹妹及其他小朋友，在寬敞屋內盡情東奔西跑，最後累得懇求大人快點打道回府。

在這間宅邸拍攝的，正是「比武過招」這張照片。

自從我們移居日本後，再也無緣造訪。曾幾何時，聽說惠霖堂伯遷居臺北市區，後來移居海外。

（上）我們開心地在位於陽明山上高級住宅區的「貓叔叔」家，玩「比武過招」。
（下）我飛往美國，拜訪與父親關係親密的堂伯夫婦，想多瞭解父親一些。

即使惠霖堂伯搬遷外地，得知父親病重後，依然專程赴日探病。父親逝世後，我們母女三人一起到住在美國比佛利山莊的堂妹家，受到堂妹親切的款待，還帶我們去大峽谷。母親總是不時談起，那趟旅行最開心了。

惠霖堂伯每逢父親忌日，一定不忘來信叮嚀：「記得要在墳前供奉阿民最愛的菸酒。」

為了瞭解父親的過去，我直覺該飛一趟美國，就買了三天兩夜行程超趕的機票。堂妹珊蒂的丈夫喬治到舊金山機場來接機，喬治的身分是所謂的ＡＢＣ（American born Chinese，在美國出生的華人）。我坐上越野車，感受與東京截然不同的乾燥氣候，在無垠碧空下橫越舊金山灣。

堂伯夫婦已在珊蒂家等候。我與這位最瞭解父親的親戚見面，心情極為振奮，完全沒感覺到時差和旅途勞頓。

惠霖堂伯身高近一百八十公分，身形魁梧，依舊氣勢非凡。

他洪亮的嗓音未變，招呼著：「小妙，妳來了。」

聽到這個聲音，我心情忽然輕盈了起來。

「我很久沒講日語，或許不太流利喔。」

堂伯如此說道，卻整整聊了兩個小時。談的都是父親、臺灣，還有顏家的事情。他一開口就說：「我最欣賞惠民了。我們心有靈犀，不假言辭，他是我今生最好的朋友。」

曾與父親相處的日本友人，皆紛紛表示：「ガンテキ（Ganteki）其實比日本人還像日本人」。這個少年出身於臺灣望族顏家，被當作日本人在學習院受教育。一場戰爭結束後，又恢復為臺灣人。原本是戰敗國子民，一夕之間成為戰勝國公民。戰前與戰後的價值觀一百八十度劇變，相信對青年期的父親必然造成莫大的衝擊。

我想透過眼前這位道地臺灣人的觀察，瞭解他對父親的看法。

惠霖堂伯說道：「惠民可以說是日本人，無論是跟臺灣的生活、政治、經濟、親戚等完全格格不入。他在臺灣不會講國語，與兄弟的關係又疏離。這樣的人就算回臺灣，無論是公司或個人、於公於私都對他不利，只會徒增他的痛苦而已。」

父親四十二歲與母親結婚，擁有家庭後，決定努力繼承家業而返臺。但是，祖父顏欽賢徹底堅持長男至上主義，對父親寄望過高，給予了極大壓力。

據堂伯所說，父親從那時起，酒風驟然一變。

他不再是開懷暢飲，而是想試圖逃避、忘卻什麼，成了自虐式的瘋狂痛飲。據說他屢次因急性酒精中毒而被送醫急救。

四面楚歌的精神狀態下，父親唯一能敞開胸懷安心共處的對象，就是惠霖堂伯吧。

兩人以日語溝通，一瓶威士忌在手，各自小酌，徹夜把酒言歡，公司的事全撇開不談。

我問談些什麼，堂伯露出調皮神情，笑說：「問人家講什麼酒話，就是不解風情嘛！」

話題恐怕是登山、滑雪、日本、天氣、子女、美食等等之類的，大概偶爾也聊聊女人的事吧。

漫天閒聊的話題，相信必然能撫慰父親的心靈。

二二八事件發生當時，惠霖堂伯正在臺南一所大學就讀，這場悲劇也讓他內心飽受衝擊。

「戰爭結束，臺灣脫離日本殖民地統治，終於回歸祖國的懷抱。大家都認為這是祖國的勝利，出來迎接來自中國大陸的國民黨同胞，不料他們是來占領臺灣的。彼此認知差距太懸殊，失落感更大。」

惠霖堂伯親自到基隆港揮手迎接國民黨的到來，卻目睹機關槍從船艙掃射岸上的景象。

堂伯母也談起過往，其父遭到警察逮捕，輾轉囚禁於數間監獄，每次轉獄就必須繳納鉅額的「獻禮」。

中國自辛亥革命以來長期陷入戰亂，許多軍人未受完整教育即隨國民黨一起渡海來臺。不少臺灣民眾目睹粗暴之舉，視為粗野行徑。戰前臺灣被視為日本屬地，臺灣人必須接受義務教育，學校徹底實施日式道德教育。我想來自中國大陸的中國人與臺灣人之間，在基本人格形成上產生了顯著差異。

臺灣人並非訴求反亂，而是希望生活獲得改善、遏制政權腐敗，整肅士兵暴行等亂象。但國民黨政權將此行為解釋為「遭日本思想荼毒」，對提出不滿及改革聲浪的臺灣人採取鎮壓行動。

批判國民黨或被視為偏袒日本的人士陸續被捕，甚至遭到處決，悲劇終於在臺灣上演。因二二八事件而遭致殺害的臺灣人士，據說約達三萬人。

剛返臺的父親當時目擊到這場苦難。

「惠民心想，難道這就是政治？這就是人生？他精神上的確深受打擊啊。」惠霖堂伯悲痛說道。

接著短暫返鄉兩年後，父親於一九四九年十一月，乘坐漁船從臺灣偷渡赴日。此事在臺灣的諸親舊識中似乎全都知曉。但是究竟是何人牽線，堂伯並不知情。

二二八事件後，臺灣實施戒嚴令，至一九八七年才解除。我在臺灣接受教育的十一年，正值戒嚴令實施的七〇年代。我還記得我對「戒嚴令」這個名詞懷著可怕的印象，但對當時生活的記憶，只留下與現在的日本生活無異的平靜與平常。

只是孩童的我當然所知有限。若在今日，換成可從成人角度觀察社會的年齡，我相信見解自然不同。

日治時期之前，臺灣受清廷統治，繼而成為日本殖民地，再度回歸中國人的治理。臺灣屢受外來政權統治，每逢政權交替，時局必然動盪，總是被操控於股掌之間。

想到父親被捲入苛酷的歷史命運，無奈度過餘生，我心中就滿懷無言可喻的惆悵。如今我終於能理解，父親為何時而把自己幽閉在房間裡，他的精神中有脆弱不堪的部分。

當我瞭解父親在臺灣生活的一面後，我感到稍能窺透他的心思，他那痛苦模樣，似在我眼前逼真浮現。日本戰敗的打擊、對臺灣劇變的困惑、離開家人的傷痛，深深啃噬他的心靈。那傷痛感產生的鬱閽，唯有閉關在房裡方能遏止。

我借宿在堂伯家一晚，隔晨詢問母親的事情。

父親是在備受期待的長男至上主義下，迎娶日本女子返臺。我很好奇，當時顏家有何反應。

堂伯於是答道：「惠民與和枝小姐結婚一事，家中無人反對，也沒人打心裡贊同吧。因為惠民畢竟是家族中的長孫。」

昔日望族子女的嫁娶對象，要求門當戶對，很多時候將婚姻視為拓展商機的方式。我叔父輩的迎娶對象，皆是名門閨秀。最近二叔的次女就是與行政院長吳敦義的三男結婚，馬英九總統也蒞臨婚宴。身為五大家族顏家的末裔之女，與政界權貴之子聯姻，這項消息還引起爆料節目的關注，話題是「一場結合財勢、權勢的婚姻」。

母親嫁入名門所嘗受的勞苦，應該非比尋常。惠霖堂伯說，母親「個性其實很樂觀，為了不忍告訴令尊罹患絕症的事實，堅持守密到最後一刻，這股毅力真是偉大」，堂伯談起母親遭到父親誤解而被怨恨，實在太過委屈，說著流下淚來。

短暫赴美兩日，時光稍縱即逝，除了碧空和舊金山灣之外，我絲毫沒有遠渡重洋的感受，就此踏上了歸途。

臨別前，堂伯伸出大手緊抱著我，說：「祝妳幸福！」堂伯母也說：「下次一定要再相聚！」

我淚如雨下。

惠霖堂伯喜愛日本，不惜在熱海購置別墅。堂伯母頻繁往返日臺兩地，甚至取得日本舞踊的藝名資格，也與許多日籍友人愉快交流。

堂伯分明不會講英語，卻在年過七旬才刻意離開東京和臺灣，毅然前往美國終老。究其原因，其實與某一「事件」有關。

惠霖堂伯在臺經營建設業，是成就斐然的實業家，早早就讓長男接任董事長之職。兒子也不負所託，積極擴展事業版圖，卻因經商問題引發糾紛，讓外人有機可乘，最後導致背負鉅債，一夕之間傾家蕩產。

長子經商失敗，堂伯在臺灣難以立足，便悄悄獨自遠赴無親無故的美國。

他太過突然失去音訊，臺灣親戚之間甚至流傳「他已經死亡」。堂伯渡美約有十年，他是如何度過這段歲月的？

我正猶豫是否該詢問，堂伯似乎看穿我的心事，喃喃說道：「再怎麼說都是親骨肉，我不怪他。」

惠霖堂伯與父親同樣身為長男，將事業交託長子，即使結果不符期望，但感覺上他懷著覺悟，既是一家人，無論是非成敗，他都會全盤接納。

就像離別時，堂伯盼我能過得「幸福」般，我相信，這是最好的報恩方式。至今總是無緣鄭重道謝，此時，我由衷表達了「謝謝」，眼眶再度泛淚。

對父親來說，或許故鄉臺灣的生活不易適應。然而當我得知有一位親戚曾如此瞭解父親時，真是驚喜不已。或許是因為緊張情緒得以紓解，我在回程的飛機旅途中，頓時進入夢鄉。

父親離世已經二十六年，不曾來託夢，此時，他初次在我夢中清晰現身。那口音，確實發自於他。

是什麼機緣巧合啊？或許說，父親在夢中顯靈？

夢境裡的父親，對著仍是孩童的我說話。

他與逝去時一樣，約莫五十多歲。我清晰記得那容貌，但不記得白濛濛般的身形服裝。

非笑、非哭，也不帶怒意。

昔日一貫的表情。

至於地點……則不清楚。我大概睡在在某個房間的鋪墊上。奇妙的是我自幼習慣睡床，從不使用鋪墊。

我突然從沉睡中驚醒，發現父親就在眼前。我仰躺著，父親從半空湊近注視我。昔日住在等等力的舊家時，父親深夜歸來，一定步上二樓我的房間。輕輕搖起酣睡的女兒，說：「爸爸回來了」。我睏著，簡單打個招呼，惺忪睡眼望著他。

夢裡父親的樣子湊近望著睡著的我，與過去感覺一模一樣。

我先開口：「爸爸，你回來了。」

父親說：「我回來了。」

我下意識問道：「跟媽媽打過招呼了嗎？」

或許我腦中還有雙親陷入冷戰的印象，才如此詢問吧。

父親面無表情答道：「這件事要保密，不要跟她說。」

我反問：「什麼時候才可以告訴她？」

「我去天國以後再說喔。」

我希望他們能和好如初。

「為什麼、為什麼、為什麼不告訴她？」

我不斷不斷追問，聲嘶力竭。

他一語不發，緩緩離我遠去。

夢境中，我追不上他，只能目送著他形影消逝。

夢裡的我哭了，悲傷至極。

我醒來時，淚水濡溼了臉龐。

熄燈的機艙一片幽暗。

或許我聽見父親懷念的聲音而流下了眼淚，但又不僅僅於此。父親去世前曾與母親一度和好，我想最終是他仍無法釋懷母親。我想到母親這麼為他盡心盡力，為何父親還不肯原諒，就覺得好寂寞，好不甘心。悲痛襲上心頭，任憑淚水涔涔滑落。

在日本、臺灣、美國三地，我對父親其實有更多的瞭解。有些是我過去一無所知的，父親幼時至青年期的青春、苦惱、意念。有些感同身受，有些因時代背景相差懸殊，已無從想像。

然而晚年照片裡不見笑容的顏惠民，在我心目中，此人依舊漠無表情。他的笑容，完全屬於登山滑雪。父親為何在登山滑雪時，嶄露了如此燦爛的歡顏？

某位人士，讓我與父親得以透過滑雪繫起聯結。

父親即將離世前，首度帶我們母女三人一起去滑雪。指導我們兩姊妹滑雪技巧的教練，正是福岡孝純先生。

孝純先生的曾祖父福岡孝弟[54]（福岡藤次），就是以起草〈五箇條御誓文〉[55]聞名的政治家，明治維新前後在政壇留下許多功績。其父福岡孝行[56]是開創日本滑雪界的先驅者之一。父親師事孝行，一起在阿爾卑斯山滑過雪。父親在二、三十歲時，曾長期居住在孝行昔日的舊居辻堂宅邸。

當時我年紀小，不知滑雪教練原來大有來頭。

我聯繫孝純先生，他在電話中邀請我：「顏先生以前常來的辻堂，仍保留原來風貌，請務必來寒舍一訪。」

孝純先生的宅邸有百年蒼勁老松，庭院深處建有茅草屋簷的古民家，是都市不曾見過的風景，玄關飄著京都高級老旅館的氣氛。家裡透不進一絲暑熱，空氣清冷冷的舒爽怡人。

見到孝純先生那一瞬間，讓我重拾了在「白馬滑雪」的印象。他就是以嚴格卻不失溫情的方式，教導我們姊妹滑雪的教練啊！

父親與山的邂逅是在一九四四年八月。當時他才十六歲。參加學習院在奧日光光德小屋舉辦的登山社集訓營。「光德小屋」是學習院所屬的山中小屋，白樺樹環繞四周，漾著清冽的靜謐。自那次集訓營以來，父親尋獲人間淨土，從此對山嶺念念不忘。

他會接觸滑雪，是源自於撤返臺灣之前，曾到雪山賞遊。父親於一九四九年歲末偷渡後，參加新潟縣關溫泉的滑雪集訓，有了這次機會，父親從此熱中於滑雪，難以自拔。關溫泉的集訓地點，是一座名為「笹屋」的溫泉旅館。「笹屋」的櫃臺並非用來結帳，而是客人聚會之處。方爐裡生起炭火，熱愛登山的滑雪客圍坐成圈，飲酌助

❺❹ 福岡孝弟（一八三五―一九一九）：以土佐藩的代表藩士身分活躍於德川幕府末期，積極支持維新運動，曾榮任元老院議官、樞密顧問官等要職。

❺❺〈五箇條御誓文〉：一八六八年（慶應四年）起草誓文，作為明治維新政府五大政治方策，福岡孝弟修正部分誓文主旨。同年三月，明治天皇率領眾臣宣誓，頒行詔示天下。

❺❻ 福岡孝行（一九一三―一八一）：日本知名滑雪家，開拓白馬八方尾根滑雪場，譯介奧地利滑雪課程等重要專著。

（上）1950年代的光德小屋。
（下）1944年（昭和19年），父親（後左一）與登山社團前輩共同拍攝的入隊紀念大合照，地點位於父親朋友本間的家中。

興。

曾幾何時，父親成了「笹屋」爐畔的核心人物。年年雪花紛飛之際，他就在「笹屋」流連不去，一直住到「笹屋」員工歡慶滑雪季結束，相偕上高田城遺跡賞櫻的時節。據說「笹屋」的悠久歷史中，唯有父親一人是從滑雪季開始一直待到賞花期結束。

父親整年中，有三分之一的時光是在雪山度過。

登山客們洞悉父親返日後心情徬徨，默默溫和地接納了他。父親與大夥共度的時光，喚起他心靈深處的安篤感，因此父親自然恢復了笑容吧。

父親請孝純先生教我們姊妹滑雪時，我不明白他為何沒有一起參與。

望著他每晚在下榻處痛飲買醉，老實說，我甚至懷疑他是否真會滑雪。

但事實並非如此。當時他體力不勝負荷，稍一嘗試就氣喘吁吁痛苦無比，實在是情非得已。

「顏先生倚著滑雪桿，雕像似的動也不動，深深注視兩位愛女在滑雪。」孝純先生如此說道。

原來父親是希望讓家人看到自己最愛的雪嶺，特地搭乘廂型纜車到滑雪場觀看我們滑雪。

我終於明白維繫父親與滑雪之間的關係。現在，只剩下對「山」的解謎。

母親去世後，我每次瀏覽全家合影的相簿，總是感傷不已，漸漸不忍翻閱。此時，我發現相簿或許能找到欠缺的線索，終於在時隔二十年後，再次鼓足勇氣，把相簿從書櫃最頂端取下來翻閱。

大概有五十冊吧。所有封面上，幾乎全是父親仔細寫下的日期和標題。我出生的照片、七五三節[57]、女兒節、祖母喪禮、小學入學、運動會、妹妹出生、文化祭、美國旅行、父親生日、學習成果發表會、新年、母親生日、祖父喪禮、成人式。

一張一張平凡的生活照，徐徐喚起我的回憶。

當時感受的喜、悲、緊張、歡欣、幸福、失望。不僅如此，還有空氣的感覺、食物的滋味、身軀感受的疲憊、興奮的心情等等。以為已經遺忘的回憶，卻踏實地存在

[57] 七五三節：三歲和五歲男童，以及三歲和七歲女童，在該年的十一月十五日穿著華麗正裝，到神社參拜祈求平安成長。

（上）我三歲時，慶祝七五三節拍的照片，攝於日本自由之丘的家中。
（左）一家四口在臺灣的合照，當時我大約八歲。

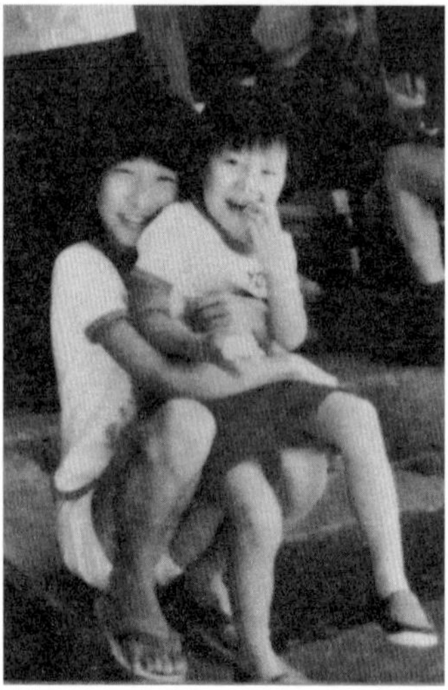

（上）與母親、妹妹一起拍攝我二十歲成人式的照片。
（左）1980年我抱著妹妹，攝於八里的合春祠堂。

我心深處。
父親的照片裡，應該也存著他的意念吧。
瀏覽父親一張張的個人照，我心中問道：「爸爸，您究竟感受到什麼？想傳達什麼？」
其中一冊，封面記錄著「日光一九八四、七、二三—二五」。
正是雙親無言對峙的時期。
父親去世前一年，用盡餘力帶我們姊妹去夏季旅行的地點，正是日光。他將親自拍攝的照片，仔細整理成冊。
黑色的相簿封面，第一張攝於東武日光車站前，接著是中禪寺湖、日光金谷飯店、光德牧場、學習院光德小屋、戰場之原、龍頭瀑布、中禪寺金谷飯店等等，貼滿了父女三人遊訪名勝的合影。
忽然間，我腦中浮現了追悼集裡一段令我印象深刻的內容：
一九四四年八月，十六歲的ガンテキ在奧日光光德小屋的登山社集訓營，第一次與山嶺邂逅。其實當時正值二戰時期，同學們必須奉公勞動，在中禪寺湖畔幫忙鋪路和燒炭火，結束工作後就在光德小屋集合。
根據和枝女士所述，ガンテキ希望往生後，將骨灰撒在奧白根山頂附近。

日光、奧白根。父親對「日光」想必懷著特別的思念。

當時我以為日光之行純粹只是觀光，原來父親是想帶我們姊妹，去探訪象徵他曾感受到「甦生」的特別之境。

只要重訪與父親一同踏過的旅途，我相信或許更能接近父親的心情。我滿懷期待，準備前往日光。

我打算去登父親「想撒骨灰」的奧日光白根山。

白根山標高二千五百七十八公尺，是關東第一峰。我對登山是外行，也覺得難度很高，但若不登山，就無法前進，唯有勇往直前了。

所幸登山之日萬里無雲。早上七點半，我抵達白根山登山口。不時瞥望攀岩老手的去向以免跟丟，緩緩往上攀登。

最初是綿延的平坦寬道，我享受著森林浴，一小時過去，腳下慢慢變成崎嶇岩塊，斜坡愈來愈險峭，開始氣喘吁吁。

一望無際的原生林遮掩下，頂峰完全隱沒不見，我漸感不安，擔心是否迷了路。所幸路旁有可愛香菇為伴，稍可慰藉。途中不免擔憂，該不會大費周章爬上山頭，還是不懂父親的心情吧。

攀登約兩個半小時，來到中繼站「彌陀池」。我仰眺彼方，遠遠出現白根山頂。標示寫著距山頂約一點一公里可達。

同路的登山客為我打氣：「再接再厲，就快到了」，想必是我流露出驚恐的神情吧。

抵達活火山的白根山頂，石礫岩塊層層堆疊，不斷出現難登險坡。剛才經過的「彌陀池」形影愈渺，似乎已接近目的地。

爬了約四小時後，我終於到達峰頂。

我原以為白根山就像富士山頂一般是片曠地，其實空間狹小，僅容一人立足。父親很清楚此處不適合拋撒骨灰，才會寫下「山頂附近」。既然清楚說出地點，可知經過一番熟慮。

我坐在山頂附近的岩地上，吃著帶來的飯糰，眺覽四方。

父親想將自己的骨灰撒在奧日光白根山的山頂附近，後方為奧白根神社。

寂靜中偶來風聲，雲影瞬息變幻，空氣自鼻沁涼入喉。
這裡是父親鍾愛的景色。
平日生活中感到的窒礙，無形之中消失。
只感覺在此好幸福。
只要在此就覺得充實。
只要在此生命就具有意義。
單純的思路漸漸恢復。

總是雲霧中的白根山，這天難得朗空，像是父親催走了雲。我來到山頂附近的奧白根神社，將隨身帶來的父親親筆信取出，雙手合十。雖無法在此處放置父親的骨灰，就在簡樸小祠式的神社旁，撕下信紙一角，輕輕夾在疊石堆中。

爸爸，這裡是您最喜歡的日光，最愛的白根山喔。相信您應該滿願了。

下山歸途仍是返回彌陀池，我決定到先前入山的菅沼登山口。途中在五色沼岸稍坐片刻，遇見母鹿伴小鹿。或許是心有餘裕，幾多思緒隨之而來，心臟悸動跟著加快。

深碧水色轉藍綠、青黃的美麗層次，帶著一種寧謐。

青空皓雲、綠山碧湖、盛綻著黃橐吾、鹿兒成群……在大自然包融下，相信青年時期的父親懷著一顆日本心，純真無邪，由衷歡喜地登上了坡峰。

戰爭結束，父親以臺灣人的身分再度走訪，他對自己的改變及周遭環境感到失望，我相信他是想藉著永久不變的自然風景，讓心靈逗留在昔日時光中。

我確信即使片刻也好，父親很想融入那能讓他歸零的景致。

八小時登山行程順利結束，隔日我走訪學習院的「光德小屋」。漫步在白樺林間延展的碎石道上，不覺路徑舒展開來，前方出現小屋。

一九四五年戰爭結束，直到父親返臺的一年半之間，他頻頻入宿「光德小屋」，留下高達十次的紀錄。從臺灣再度返日後，當他得知自己將不久於人世，依然來此。最後帶我們姊妹同行，一起合影留念。照片裡的父親在病魔摧殘下，細瘦只剩皮包骨，顯得老態畢現。想到父親堅持帶我們故地重遊，不禁對他那笨拙、頑固的人生態度感傷不已。

光德小屋旁的白樺樹叢包圍的小徑。

我靜靜佇立在小屋中，這裡聽不見一絲車聲喧譁，與外界完全隔離。如今「光德小屋」已重建，外觀與舊時略有不同，樹林、流水、鳥囀依然不變，是沉澱心情的寧靜。

我眺望著白樺樹，與父親在東京舊家栽種的白樺樹影重疊。

他是想把一隅風景的剪影，帶回東京吧。

我感受到父親心思的瞬間，仍立在小屋前，一時無法動彈。

身為出身名門長男的父親。

幼少時被當作日本人在東瀛受教育，以為就此度過一生。青年期因日本戰敗，被迫立即面對戰勝國與戰敗國、臺灣人和日本人的壁壘分明，以致喪失判斷事物的標竿。

當他再度回到日本，歷經無數苦惱之後，中年以結婚為轉機，整頓一切，決心重新起步，此時遭受病魔吞噬。

這一切，日光的風景都見證了。

在日光，顏惠民這個人曾真真切切地體會生命的蘊奧。而且，他的生命維繫著我，繼續傳延下來。

日本人、臺灣人、酒、長男、戰爭、二二八、名門、顏寓、大人、滑雪、雪山、日光

這些語彙重新植入我心，父親的笑顏自然而然融入成為我的一部分。

我想起父親晚年含笑對我說：「小妙，妳終於瞭解了。」

我靜靜聆聽，彷彿父親舊友們對我說：「去找ガンテキ吧。」如今，我也可以加入他們的圈子了。

從新思識自己

從失望到盼望

從絕望到希望

從過去到未來

臺灣妙——後記——

綽號「野貓」的我，在九份抱著貓。

相聚離開都會來到
路的兩旁都充滿了愛
發現我心已經痊癒
現在我已跨出一步

二〇〇九年十月，新居落成。

在我極度堅持下，認識的人為我介紹了一位我很崇拜的著名建築師隈研吾，光是設計就耗時兩年，最後總算完成雙層住宅。

二樓天花板挑高成五公尺，有時覺得寬敞成了多餘。

屋頂沒有閣樓空間，顯得天花板異常高遠，盛夏時悶熱如置身浴室，加上空間遼闊，冷氣開再強也無法消暑。通常屋頂內部會設置空氣流通層，這樣的確可感受到不被外熱所侵。原來如此，一般住宅該有的設計構造，必有其道理。

我認為屋簷排水槽會破壞住宅的時尚美感，改成隱形式設計。遇到雨天，瀑布般的水滴從屋簷直落，結果別家只是毛毛雨，我家成了西北雨。

嫌那陽臺裝柵欄很土氣，只裝設支撐架。萬一稍有不慎，便從二樓直接墜地。客人看了哭笑不得，問我是否活得不耐煩。

廁所和浴室以飯店式的玻璃屏相隔，沒把捲簾拉下時，會被外面看光光。

地板採用非拼接式原木板，內藏暖氣。建築師和建築公司紛紛表示這種材質耐不住乾燥，無法保證品質，但我不在乎，堅持採用。果然不出所料，因為乾燥地板開始龜裂，縫隙間藏污納垢總是清不乾淨，讓人傷透腦筋。

心想家裡別存放太多東西，儘量減少收納空間。結果所有用品無法全部歸位，閒置物品在屋裡散亂一氣。

感覺飯店風格的昏暗光線十分安適，便削減了幾盞燈飾，光線變得太暗，打電腦或處理業務時，眼睛相當受折磨。

為了避免髒污被發現，把屋子外牆塗成一片黑，有人說，這家就像羊羹屋。倒是向訪客說明新家地點時，省事許多。

首次打造的家就是這副模樣，理想與現實差距懸殊。儘管如此，我非常喜愛這棟新居，可讓人心生平靜。

這個家曾是我們一家四口生活的舊址。先把老屋拆除，與妹妹均分一半土地。旁邊留著屬於妹妹的空地。

空地一隅，保留舊家門前玄關的松樹，還有楓樹，以及父親最愛的梅樹。妹妹將在這裡蓋出何種風格的家呢？

是像美術館式的、牆面未經粉刷的混凝土房子？

還是攝影棚式的、深陷地下三層的要塞型樓堡？

有可能是古風木造屋。

萬一像漫畫家楳圖一雄[58]那棟漆著豔紅白條的「小誠屋」，那該怎麼辦？

我愛讀星新一[59]的極短篇幻想小說，馳騁想像，天馬行空一番。

原本擔心保存「箱子」的舊家拆毀後，一切回憶會隨之消失，但事實並非如此。

空氣的氣息和泥土的芬芳，與四人歡聚一堂時沒有差別。

為了練習騎拆除輔助輪的腳踏車，手抓握欄杆的冰冷感。

誤觸警報器發出的聲響。

穿著水手服的姊妹倆。

開慶生會的九月。

愛犬帕皮在院子挖的洞穴。

摘下的酸石榴滋味。
搜尋鼠婦和蚯蚓的夏天。
庭院一角，總是未見消融的雪。
邊夾湯豆腐邊吃邊看電視，全家人的笑聲。
庭院游泳池裡半溫的池水氣息。
在陽臺吹泡泡，仰望天空的藍意。
打赤腳踏在草坪上，腳底輕輕刺刺的觸感。
只要吸一口氣，立刻就能回到那時候。

「箱子」喚起我的記憶。
有了記憶指引，我前往「故鄉」臺灣。
在日本、臺灣、美國，重新踏遍雙親的足跡。

---

58 楳圖一雄（一九三六－）：主要活躍於七〇年代的恐怖漫畫家，以《漂流教室》為代表作。近年興建的私宅「小誠屋」，因外觀奇特而引發社會話題，住宅名稱是取自其搞笑漫畫作品《小誠君》的主角。

59 星新一（一九二六－一九九七）：科幻作家及評論家，亦有「掌中小說之神」的美譽，畢生發表的極短篇作品高達一千零一篇以上。

過程中我親睹耳聞，閱讀了豐富的資料，與許多人相會。

對已逝的父親，有「溫和爸爸」的印象，但同時不免還是懷有複雜的心情。

放縱狂飲任意摧殘身子。

窩在房裡不肯出來的怪人。

一年到頭穿著和式睡衣。

頑固不肯開口，總是讓母親左右為難，惹她傷心。

出身望族，卻憤世嫉俗的大少爺。

老菸槍一身菸臭。

說實在的，無法認為是令人尊敬的父親。

前文曾提到父親曾在病逝前，寫遺書給我們母女。其實在此之前，他也寫過遺書，那回是因為「輕生」。

就在這本書的書寫工作大致告一段落，我正將取出的資料收回「箱子」時，忽然遲疑，停頓了一下。

我在整束信件中，發現有兩封沒貼郵票，沒寫地址的航空信，都是先前遺漏尚未開閱的。

信封信紙上都有藍墨水的筆跡，正是父親平時的字體。

致「父親大人、母親大人」這一封，開頭是如此：

父親大人　母親大人　三月十七日　請恕孩兒不孝早逝

我是個沒出息的人。

無力建立正常家庭，無力成為正常的社會人士，恪盡本分。

我的意志力是如此薄弱。

有如出自太宰治⑥⓪小說《人間失格》般的文章。

接著是一連串的謝罪，對於身為長男無法順利繼承家業、身為兄長造成弟妹困擾而感到慚愧，以及對於母親和襁褓中的我這兩個「最大受害者」表示歉疚之意，並盼祖父母日後能關照我們母女，內容長達兩張信紙。

⑥⓪ 太宰治（一九〇九—四八）：小說家，本名津島修治，青森縣津輕地主之子。代表作之一《人間失格》是以自傳式風格，描寫作者幼少期自青年期的性格明暗，對輕狂年少的徬徨失序。另著有《斜陽》、《女生徒》、《津輕》等。

映入眼底的文字，該如何與自己的思考迴路聯結，我暫時需要些許時間。
看起來像是「遺書」，我卻無法接受，這是為了「尋死」而寫的遺書。
為何父親要如此？
為何想尋死？
為什麼、為什麼、為什麼……
腦中盡是「不解」的疑問。
另一封致「和枝小姐」，在便條信紙上，只簡短留下六行字：

和枝小姐
事到如今，再多解釋也是枉然。
妳真的為我受了很多苦。
我沒有資格成家。
實在讓妳太委屈了。
請好好照顧妙。

三月十七日

讀著父親給母親的遺書，我熊熊怒火升上心頭，無法再看一眼，便放回信封。父親曾想拋下我和母親，擅自了斷殘生。

我又取出父親寫給祖父母的那封遺書，重讀了一遍。裡面有段內容提到：

就家庭面而言，自前年與和枝結為連理後，無論是精神上、肉體上的苦痛實是無言可喻，難以負荷。

遺書只記下「月」、「日」而已，沒有「年分」。我根據內容推測，父親應是寫於我一歲半、一九七二年左右。當時我對父親印象模糊，未留下任何記憶。與母親結婚，待我出生之後，為何父親仍想輕生？就算獲得家人，還是無法療癒他的心？對他的印象，轉瞬間變為「失敗的父親」。

然而仔細思考，父親當時若真的自尋短見，妹妹就不會來到世間。父親終究放棄了輕生之念。

雙親保留了這份遺書並未丟棄，或許是想確認兩人最後同心度過難關了吧。如此一想，怒火不可思議地就平息了。

我將屆不惑之年，逐漸接近母親亡故的年紀，步入中年，我終於能理解和接納他們的苦衷了。

父親對人生的態度，其實格外直率，比一般人更為認真嚴肅。對我們母女兩人，以及肩負顏家長男的責任心，都太過強烈。因此他無法原諒毫無擔當的自己，才萌生輕生之念吧。

如此一想，我決定選擇原諒。

意志軟弱到企圖輕生的父親。追悼集中，諸友們對他的描寫，卻是截然不同的形象。

「深具大人之風」、「哲學家」、「智者」、「行事能力強」、「博學廣聞令人咋舌」、「聚會名人」、「有此人為伴就可安心」、「溫厚」、「好漢」、「溫和」

父親的舊識遇見我，總是懷念似的稱我為「ガンテキ的女兒」，帶著愉快、緬懷的心情不斷聊著他的事情。

父親離世近三十載，受人敬慕的形象，在我眼前逐漸成形。

父親的某位同學告訴我：「不只是同學之間，還有許多後輩都很崇拜ガンテキ，將他視為偶像。若想知道ガンテキ的事，跟這些人見面，他們一定會開心告訴妳許多軼聞。」

時代操弄下，被捲入歷史悲劇中喪失自我的父親。

被日本拋棄、被臺灣放棄，懷著滿腔空虛，找不到價值觀可循的父親。

不向任何人示弱、抱怨，獨自跟內心不斷困鬥的父親。

還有那些默默接納他的前輩、同學。

父親應該也是同樣默默聆聽周遭的心聲，藉此彌補失去的心，填補這份落寞吧。

我終於明白父親確實對周遭的人產生了影響，舊友對他留下鮮明的印象，至今不曾忘懷。

這些曾與父親共度歲月的昔友，我與他們相會，光是瞭解這一切，就以身為ガンテキ的女兒為榮，對父親產生了尊敬之意。

另一方面，我對於母親仍有一些掛慮。

回想起來，無論在臺灣生活，或面臨父親與病魔困鬥，她都一路默默忍苦過來。母親究竟快樂嗎？與我們一起生活，是否感到開心？

來不及看到妹妹長大即逝，難道不覺得遺憾？

在我眼中，她美麗而迷人，是否可能再談戀愛再結婚？

我曾盼望母女三人一起去泡溫泉、旅行、上美容院、逛美食。

我好想跟她聊聊工作、人生、感情。

一想到母親，不禁頓時悲從中來。

然而，從箱子裡發現父親寄給她的信，我的心多少獲得了救贖。

我們在銀座相遇時，和枝妳才二十二歲吧。我們好像是隔年就去北海道，妳在定山溪笑得好燦爛，輕盈地跑來跑去。到日光金谷飯店賞楓、在京都川瀨

母女三人在臺灣家一起洗澡，我大約十歲左右。

和舞姬一起跳猴子舞。妳勇於一個人來臺灣旅行呢。

我相信母親對父親也有許多思念。父親抱病前往的日光，也是兩人的追憶之地。

這本書即將完稿前，在某個因緣際會下，我與母親的高中摯友吉田和子女士見了面。

吉田女士跟我談起母親的個性：「她性格直爽，不喜歡加入小團體。高中時代愛聽音樂和看戲，是個活潑明朗的開心果，很受男生歡迎喔！」

這是母親尚未成為人母前的形象。望著黑白照片中的影像，我甚至錯覺那人就是自己，母親的相貌如此與我酷似，不，應該說是我跟她神似才對。

母親常帶我們去觀賞音樂劇，常聆聽音樂。

妹妹喜愛音樂，我熱愛戲劇，我們都繼承了母親的喜好。

我是否能像父親一樣，即使離開人世，還深深留駐人心？

我是否能像母親一般，以柔中帶剛的精神活下去？

我的小學成績單評價是：「還要再沉著些。」

國中成績單則寫著：「要腳踏實地。」

如此受評的我，如今成長為何種樣貌？

雙親會如何評價現在的我？

這答案永遠是個謎。但是我在追悼集裡發現一首蘇東坡的詩，是父親喜愛的詩句，或許略能瞭解他的心境。

人生無別離，誰知恩愛重

藉著探索雙親人生的尋訪過程，才知道原來背後有許多人愛護他們，有許多人支持我們姊妹、守護我們。

或許正因為如此，才能更進一步靠近父母。

二〇一〇年十月三十一日，除了桃園成田航線之外，松山羽田航線終於啟航，據媒體報導是「時隔三十一年之久」。父親昔日常搭乘松山羽田航線，對我來說並非啟航，而是復航。羽田和松山皆在市區，交通十分便捷。

臺灣與日本的歷史距離，彷彿是兩機場之間的距離，時而近，時而遠。即使對我來說，曾一度與臺灣脫軌，如今則是「再續前緣」，堪稱是奇妙的偶然。逐步邁向臺灣的一青妙，簡稱是「臺灣妙」。我樂於多一個人這樣叫我。

日本與臺灣，兩個維持奇妙關係的國度，縱然隔海之遙，無形中已跨越國境緊緊相繫。但是究竟是以何種方式相繫，維持何種關係？實在難以言說。

臺灣，的確經歷了一段複雜的歷史。

原本有來自東南亞沿岸島嶼的原住民族遷徙來臺，十七世紀時，華南地區漢族積極渡海，成為移民主流。主要分為福建與客家兩系，彼此為爭奪土地引發紛爭。至今臺灣的福建系、客家系，以及原住民等等，依然各自保有完整而獨特的文化，不同地區各有不同特色，飲食文化也豐富而多元。

臺灣這塊土地與九州面積大小相近，滿滿萃聚著多彩文化。我在數年前沿著臺灣海岸線周遊，享受了一趟「環島之旅」。發現處處有驚奇，像是趣味無窮的「文化寶盒」一般的喜樂之地。

另外，二十世紀前期，日本統治臺灣長達半世紀，對臺灣社會影響深遠。主要受過日本教育的世代中，至今仍有許多人將日語視為母語，愉快收看NHK衛星臺播放的晨間小說連續劇、大河劇、歲末紅白歌唱大賽等節目。這些人在戰爭結束前被視為「日本人」接受日本教育，中華民國政府遷臺後，就以「日語族」生存至今。父親若在世，必然是屬於「日語族」的一人吧。

另一方面，戰後同時自臺灣歸國的日本人之中，有些其實雙親或單親為臺灣人，平時冠上日本名，但亦擁有臺灣名，許多人返臺時仍採用漢名。

像我是以日臺混血的身分往返兩地，猶如在同一屋簷下遊走於主房、客室之間，這樣背景的人亦不在少數。

二〇一一年三月日本發生大地震，許多日本人聽說臺灣賑災款項居世界之冠，紛紛覺得訝異：「為何臺灣人如此熱心關懷？」如今我好像能理解了。對臺灣人而言，雙方關係之密切，已到了日本人若遭逢不幸，就不忍「坐視不管」的地步。

這次與雙親的舊識相遇，出外旅行，經過了一番思考。顏家若無日本助援，將無法造就榮景，而邁向衰落之勢，但也受到日本戰敗所牽連。另一方面，因為雙親有幸結為連理，現在繼承一青姓氏的我和妹妹，也仍與臺灣維持著無法割捨的關係。

稍微誇張點形容，我們全家彷彿象徵著日臺之間的複雜關係，彼此的心緊緊相繫。

這就是我思考的一項結論。

豪宅、白癡、外遇、植牙、劈腿、搖滾、辣妹、粉絲、冰沙、章魚丸子不斷更新、不斷朝我接近的臺灣，出現許多幼時我從未聽聞的新名詞。

「箱子」蓋已打開，我從現在開始會不斷努力，一步一步、慢慢持續展開一個一個累積我與臺灣聯結的東西，增加箱子中的旅程。

拆除舊家時，突然現身的小「箱子」。

我從中開始逐一收拾記憶殘片的工作。感覺彷彿轉瞬間，也度過了漫漫歲月。

縱然幾經波折，在家庭這個大「箱子」裡，確實曾有我家人：臺籍父親顏惠民、日籍母親一青和枝，他們孕育了這對姊妹，由衷的呵護，用生命守候，不辭勞苦地養育。

滿載著雪片般的信和回憶、超越時光訊息的「箱子」，即使容量再小，也是雙親留給我們姊妹最後、最寶貴的禮物。

若這本書能讓認識我們家族的人士閱讀，再度喚起他們對雙親的回憶，我將感到很開心。

若能讓不認識我們家族的讀者也感受到，這是擁有一對很棒父母的家庭的話，那更是令人歡喜。

天下家庭形形色色，我們一家四口因父親早逝，母親繼而離世，留下了我們兩姊妹。在此之前，我們過著往返日臺兩地的生活，家庭模式偏離常軌，但每個人都很努力度過每一天。

討厭、悲傷、痛苦的事多不勝數，但擁有家人的共同回憶，才能跨越迷惑障礙，如今我才能體悟活著是多麼欣喜的事情。

能成為顏惠民和一青和枝的女兒，真是三生有幸。

臺灣版後記

一青妙在九份

「父親是臺灣人，母親是日本人。」

這句話不知說過多少次了。

還有「我是臺日混血兒」也是一樣。

其實我幾乎對這種身分沒有切身感受。

或許是在日本生活太久的緣故。

我至十一歲為止，一直居住在臺灣。

周圍全是臺灣同學和友人，講中文、讀中文書、寫中文信。儘管如此，當時的記憶依然朦朧。

事物改變時，或許是「啪！」的驟然轉變吧。

就像臺灣曾與我漸行漸遠，如今則出現轉機一般。

書中我提到在二〇〇八年時被捲入「顏家騷動」，此事卻成為我與父親昔日經營的公司加深關係的契機。我從此擔任「董事長專屬日語口譯」之職，參與顏家企業一年召開四次的例行會議，有幸接受董事長之邀，來臺機會增多，最近幾乎每個月都來一次。

我完全成為中華航空的老主顧，感覺機艙空服員的熟面孔愈來愈多，如今也習慣了臺灣的悶溼天氣，享受在街頭素顏闊步的輕鬆自在。小吃和水果滋味可口，返回日本也久久難忘。

自孩提時代離開到四十歲為止，我對臺灣原本並不十分關注，忽然間重新產生了熱切的情感。我想將臺灣的魅力介紹給更多的日本人，想讓更多人更進一步瞭解臺灣。

這是多麼奇妙的轉變啊。

不可思議的是，「臺灣」也逐漸與我親近。

二〇〇八年，我應邀參與動畫《八田來了：臺灣與水的故事》的配音工作，角色是八田與一的妻子外代樹。

八田與一是距今約八十年前，也就是一九二〇年，與妻子外代樹一起渡臺，在南部嘉南平原建造了遠東最具規模的「烏山頭水庫」。臺灣教科書中亦記載著八田與一其人其事，如今他依然是備受臺灣人尊敬的日本人，在臺知名度甚至遠高於日本。為了讓日臺民眾更多人知道其卓越貢獻，因而企畫了這部作品，是由日本動畫公司「蟲製作公司」負責製作。

故事以八田與一在臺灣與自然搏鬥的辛苦歷程為主，也描寫了日籍、臺籍兩位少年之間的交流，以及動畫中並未說明的後續發展。

烏山頭水庫興建完成後，八田與一搭船赴東南亞途中遭到美軍潛水艇擊沉，最後不幸葬身海底。

八田與一為了興建遠東第一水壩，日夜工作不懈，外代樹不僅支持丈夫的志業，還要養育八名子女。丈夫離世後，外代樹決定在臺定居，地點選在其夫傾注畢生心血的烏山頭水庫附近。豈料戰爭結束，日本人在法令規定下，她被迫撤離臺灣。

外代樹不只失去了伴侶，又被迫離開丈夫至愛的寶島，悲痛欲絕之餘，最後選擇在烏山頭水庫投水自盡。

外代樹身處的嚴酷時代，遠超乎我所能想像。然而對於她，我產生了些許的親近感。

因為我曾聽說母親在四十年前隨父親渡臺時，也感到徬徨不安。相信外代樹的不安，應該比母親大上許多倍。我試想外代樹的心境，在某種程度上，其實也是想像母親的心情。

同時，外代樹被迫「強制」撤離臺灣的過程，讓我想起被當成日本人教育的父親，曾將日本視為故鄉，最後遭到遣返回臺的情形十分相似。

參與了這部作品的配音後，我去造訪了烏山頭水庫。

二〇〇九年七月，我自臺南驅車前往，在民居點綴的田園和平原上行駛約四十分鐘，便望見「烏山頭水庫風景區」。這是臺灣政府於一九六九年，為了維護水庫附近的景觀所興建的設施，區內有公園、飯店、紀念博物館等等，還有重點的烏山頭水庫。二〇一一年復原當時的舊宅，設立了八田與一紀念公園。

炎炎陽光熾照下，烏山頭水庫不見一絲陰影，與日本黑部水庫不同的是，這裡沒有高達數十公尺的巨大混凝土壁環繞，而是彷如蘆之湖或中禪寺湖的人工湖泊。澄淨無波流，湖畔彷彿靜止了時光。我不禁尋思，有多少思緒和悲情深埋於水庫淵底？當人們面臨戰爭如此巨大的現實時，心中必然被刻劃下某些意念。我毫無戰爭體驗，只能臆想外代樹的心情。

自完工以來，一直維持原貌的烏山頭水庫。我靜靜聆聽，彷彿從湖底傳來八田與一夫妻的愉快談話。

二〇〇九年，我接受日本介紹臺灣旅遊資訊的網站「TAIPEI NAVI」的訪問，以此為契機，我決定在這個網站上開設「臺灣真愛逛」的旅行專欄，介紹自己在臺灣各地走訪的景點和美食，能夠寫出自己覺得美味的名店、很棒的地方，還是份工作，我覺得很幸福。

我十分喜歡「臺灣小吃」，在專欄介紹美食名店的機率自然增加。雖然昔日在臺灣居住，但許多店都是我前所未聞。每次回臺灣，總是為了吃太多發福，感到相當煩惱。不過自從在「TAIPEI NAVI」寫專欄後，我必須擔起定期交稿的責任，便開始閱讀臺灣報紙，關心臺灣時事問題或傳聞報導，這對我來說是最顯著的轉變。

我對臺灣湧起強烈的求知欲，二〇一〇年春，展開了一次全臺之旅。臺灣是島國，環繞一周稱為「環島」之旅。行程稍顯匆促，我立定為期五天四夜的計畫。以順時針方向完成這趟行程，自北部經東海岸南下，前往臺灣最南端，最後經西海岸北上。

臺灣的地形，島嶼中央南北縱貫高達四千公尺的崇山峻嶺，周緣地區則分布著平原。原本沒有東西向的橫貫公路，島內移動相當不便。二〇〇六年，貫穿臺北、宜蘭之間的公路通車後，過去相當耗時的路徑，如今只需三十至四十分鐘車程即可抵達。

對我來說，宜蘭是充滿魅力之地。由於溫泉豐富，喜愛泡溫泉的我對此地流連忘返。這裡有全球罕見的「蘇澳冷泉」，以及歷史悠久的「礁溪溫泉」。此地更以生產口味濃郁的「三星蔥」聞名，我進入宜蘭地區後，首先前往使用三星蔥製作「蔥餅」的名店。「蔥餅」是中華平民美食，我擔心巴掌大的蔥餅分量太多吃不完，但感覺上卻比臺北的餅皮揉入更多香蔥，口感清爽而不膩，轉眼間就被我吃個精光。

來到漁港，在小型魚市場閒逛，目睹一尾大魚正被肢解的場景。湊近瞧瞧，發現切割的東西綿綿軟軟，像是一團白棉被。

「這是什麼魚？」

「曼波魚。」

咦？那是什麼？我正納悶著，再仔細一想：「我懂了，原來是マンボウ（manbou）」，與日文發音很相似。

曼波魚全身富含膠質。我便尋思原來悠游在水族館裡的曼波魚生成這副模樣，趕緊在市場食堂裡點了這道魚來嚐鮮。曼波魚生魚片的口感軟彈嫩滑，恰如沙朗牛排邊緣的厚脂肉，入口即為舌溫融化。

自宜蘭沿東海岸南下的濱海公路，聯結蘇澳和花蓮兩地，稱為「蘇花公路」，以臺灣第一險道著稱。臺灣東側海岸是高山一路陡峭入海的斷崖地形，公路沿崖坡而建，萬一車子不慎衝出道旁，可會翻覆墜入大海。

臺灣地形呈現東西迥然不同的特色。西側面向臺灣海峽，基本上風平浪靜，海岸線是類似潮間帶的淺水灘，一路南北延伸。相對之下，面向太平洋的東側地勢多為懸崖峭壁，海水亦深。

東側海岸線在即將抵達花蓮之前有「清水斷崖」，此處是知名景點。我停車眺望風景，蔚藍的海洋，青翠欲滴的山色，搭配上粗獷裸露岩表的懸崖絕壁，讓我感受到臺灣大自然是如此雄偉壯闊。

花蓮名勝太魯閣，是大理石岩層侵蝕的大溪谷，印象中幼時曾遊訪過，父親常買大理石擺飾作為紀念品。既不是陌生之地，就此略過繼續朝臺東出發。

臺東是全臺原住民人口比例最高的地區。道旁可見許多原住民的木雕藝術。我從臺東前往離島「綠島」，目的是想前往島上的「朝日溫泉」，這種從珊瑚礁間湧出的海底溫泉，十分珍稀，號稱「全球僅有四個」。

從臺東的富岡港搭高速船前往綠島，航程約一小時，我在太平洋驚濤駭浪下，剛登船五分鐘就嚴重頭暈目眩。我熱愛旅行，卻屬於極易暈車暈船的體質，只能在船艙閉目竭力忍耐，祈禱快快抵達目的地。

綠島是面積約四平方公里的方形島嶼，我租機車環島一周。小島風情悠閒，隨處可見吊曬整隻章魚，風箏似的隨風翩翩飄動。其實，此地是昔日臺灣實施戒嚴令時，囚禁政治犯或思想犯之處，又稱為「監獄島」。如此說來，感覺像美國的惡魔島。綠島山壁上遺留了「滅共復國」四個字，這是一九四九年國民黨在國共內戰失利後逃至臺灣，期待有朝一日消滅共匪、光復大陸所留下的標語。

我最想造訪的海底溫泉只有孤伶伶兩個客人，可獨占整座溫泉享受浸泡之樂。入口處有一片高臺地，朝大海一路往下走，有三座混凝土建造的浴池。滿潮時海水流入造成水量改變，溫泉水溫似乎隨時在變化，漂浮在遼闊大海的溫泉，浸泡時的確令人身心舒暢。

搭船返回臺東，發現渡口附近有一家店，掛著「深海鮮魚湯」的招牌。店前的展示櫃擺著各式魚類：鮮紅、亮金、黑斑紅底，也有藍斑黑底，彷彿是游泳衣專櫃展示五彩繽紛的泳裝，感覺上不那麼可口，但老闆大叔推薦做魚湯很適合，我半信半疑，最後敵不過飢腸轆轆，決定一嚐滋味。

剛才還擺在櫃裡金斑紅底的深海魚，當場被切成大小幾塊，等候約十分鐘。端來一碗滿是薑絲的「鮮魚湯」。若不論魚身顏色，口感就像鯛魚清湯般不含腥味，魚肉脆彈十分美味。

我身為饕客，最後總會淪落到這般隨性追逐美食的旅程。

離開臺東，目標是前往臺灣最南端的岬角「鵝鑾鼻」，這個奇妙名稱的地點就位於墾丁國家公園內，此地每年四月會舉行全臺最大規模的野外音樂祭「春吶，Spring Scream」。我到鵝鑾鼻時，恰是活動結束翌日，路上散亂垃圾，目睹躺在路邊喝到爛醉的年輕人、痛飲後腳步踉蹌的情侶等等，瀰漫音樂祭狂歡後的氣息。

臺灣最南方的岬角「鵝鑾鼻」，這個難以言喻的奇妙地名，我卻十分喜愛，不知何故，自幼銘記於心。心想日後絕對要到此一遊，總算是達成心願，在鵝鑾鼻的「最南端」石碑前拍攝了好幾張照片留念。

從墾丁朝西橫越之後，繼續前往高雄。大都市高雄與臺北性質相似，我沒有特別期待一遊，只不過於二〇〇八年，觀賞了在臺灣大受歡迎的電視連續劇《痞子英雄》，得知所有外景皆在高雄取景，於是萌生了興趣。

六合夜市是高雄首屈一指的大夜市，我很好奇報紙介紹的「老李排骨酥湯」，這間老字號創業已達四十年，便去品嚐鮮湯。

店裡懸掛「屠宰場登記證書」，保證使用的牛肉絕對新鮮。湯頭是將油炸過的帶骨牛肉切成數塊，與白蘿蔔一起熬煮，口感不帶一絲油膩，蘊含難以言喻的深奧滋味，讓人想連嚐好幾碗。我在享用時，眼看當地人絡繹不絕進來，購買大量的「炸排骨」離去，不愧是廣受歡迎的老店。

當我微感餓意，到住宿飯店附近的小吃攤逛逛時，發現在臺北少見的「腦髓湯」（豬腦湯），趕緊跑去一嚐。小時候，母親說喝這種湯會「腦筋好」，常常做給我補身，湯頭有懷念的滋味。豬腦髓的口感像雄魚精巢或豆腐，十分符合我的喜好。

自高雄朝北出發，來到臺南市。臺南是臺灣的古都，街鎮隨處可見遺蹟，充滿懷舊風情。在此，我發現一間極有趣的店家。

臺南有一座稱為「沙卡里巴」的市場，是取自日語「さかりば（sakariba，繁華街之意）」的諧音。臺灣各地都可見到這類諧音漢字，時而讓人混亂。若以中文讀這些漢字，大概可從發音來判斷其意，但若將外國人的名字完全轉成漢字的話，讀來簡直像是猜謎，腦中一片混亂。

比方說，漢字的「布魯斯．威利」和「傑克．尼克遜」，英文原名分別是

「Bruce Willis」、「Jack Nicholson」。我以日文片假名拼音的「ブルース・ウィリス（burūsu vuirisu）」和「ジャック・ニコルソン（jiakku nikoruson）」來念，畢竟有些微妙差異，最後完全不解其意，感覺像一句咒語。

據說「沙卡里巴」市場裡有一家專賣現做鱔魚料理的名店，我走訪一趟，望見招牌上只有「臺灣第一攤」幾個字，不禁莞爾。店家入口處擺著處理完畢的鱔魚堆成小山，一位表情頑固的大叔正獨自默默做菜。當他發覺有人注視自己的動作時，就開始誇張地表演處理鱔魚的高超技巧。

原以為這位大叔只炒鱔魚，竟也做起臺南名產「棺材板」。這間店兼賣鱔魚和西式口感的棺材板，感覺很不搭，卻是這家店的有趣之處。在臺灣會冷不防發現，有些店明明經營雜貨鋪，卻在一旁做起內衣生意。這種不協調感，就像我同時掛起「牙醫師」和「女演員」兩塊招牌營生，感覺倒也不討厭。

臺南還有我愛吃的豆花名店「安平豆花」、炸蝦美食「周氏蝦捲」、小碗麵「度小月擔仔麵」等等。不愧是古都，臺灣傳統小吃應有盡有，任人選嚐，吃到肚皮發脹，十分難受。

繼臺南之後，我立刻動身前往臺南北部的嘉義市區。

其實我曾聽說嘉義的「文化路夜市」有許多美食，首先在夜市路口發現好吃的「鴨頭」店家。「鴨頭」塗滿香氣四溢的香料，輕輕油炸後，連骨酥脆食用，我邊啃邊在夜市閒逛。我發現連著幾間嘉義知名美食「雞肉飯」的店家，就選擇排隊最長的一家進入。這家的東西味道還不錯，只是沒有想像中那麼可口，不免有些失望。我再往前走，發現店家前面擺著鮮嫩的生蠔，我點來當生魚片嚐嚐。臺灣的牡蠣比日本的還要小得多，味道卻更濃郁，確實是鮮美異常，最重要是物美價廉。我怕暴飲暴食會食物中毒鬧肚子，心中捏了把冷汗卻照吃不誤。還好最後沒到鬧肚子的程度。我熱愛牡蠣，一盤接一盤仍意猶未盡。一路逛著，眼前盡是可口小吃，食物就快滿滿升上咽喉，最後點一道豆花點心。這間店的豆花亦是絕品，令人嘖嘖稱奇。

從嘉義朝北進入彰化縣，這裡著名的觀光勝地是鹿港。鹿港的街景與九份有些相似，保存了臺灣鄉村傳統磚房的懷舊樣式。這裡的名產是手工肉包，街坊處處賣包子。我試吃幾間，店家風味各異，我最喜愛的是「老龍師肉包」店的口味。

從彰化一路直上，為了觀賞臺灣最北端的風景，我前往新北市的岬角「富貴角」。海風冷颼颼吹來，勁風咻咻的呼號。我走在冷意逼人的海岸線上，望見沿著海岸有無數漂流木。我得知這是二〇〇九年八月八日發生的「八八水災」造成的殘留物，親眼目睹災情的慘重。此外，還得知富貴角燈塔是日治時期最早建造的燈塔，感受到日臺兩地難以切割的緣分。

距富貴角不遠處，有一處日治時期延續至今的「舊金山總督溫泉」。露天溫泉呈茶褐色，水溫恰為適中。在濃濃歷史風情的建築物裡，我舒緩了旅途疲憊，生平第一次嘗試的「環島」旅行終於結束。

愈親近「今日臺灣」之後，這回我以演員的身分，開始對臺灣電影和音樂等文化層面感到好奇。

我僅知的臺灣藝人，就是「鄧麗君、翁倩玉、歐陽菲菲、徐若瑄、金城武」，對近期的文化趨勢可說全然陌生。

我進入久違三十載的臺灣電影院，驚覺已有顯著轉變。三十年前，電影院外觀、內部裝潢都不甚光潔，外面小販露天販賣水果或炸雞、香腸等各色食品，可隨意購買外食進入電影院。還記得電影放映前沒有預告片，開演之前必須全體起立唱「國歌」後，才正式觀賞。

今日的臺灣，擁有與日本影城同規模的氣派電影院，而且禁止攜帶外食或含有濃重氣味的食物（如炸雞、香腸、臭豆腐等）。大眾飲食習慣也改為爆米花、可樂等美式風格。坐在柔軟舒適的座位上觀片，再也不必唱「國歌」了。

我最初觀賞的電影片名是《聽說》，是二〇〇九年最賣座的國片，劇情描述一對年輕男女誤解彼此都有聽障問題，透過手語溝通，逐漸產生好感的戀愛故事。作品出自一位年輕女導演，劇情不失幽默，又能嚴肅探討聽障問題，看完後我由衷發出感想：「臺灣電影還真有趣啊！」

臺灣稱本地拍攝的電影為「國片」，我想接觸更多國產片，可惜「國片」數量稀少，無論到任何電影院，主要放映的都是好萊塢或日本電影。臺灣電影至一九九〇年代為止，例如侯孝賢或楊德昌等導演，在日本也極具知名度，他們發表了豐富的作品，在國際影展陸續獲得重大獎項肯定，備受好評。然而這些佳片屬於深入探討歷史黑暗背景，或較傾向於藝術性，在國內上映時，無法像在海外評價般廣受普羅大眾的認同，「國片」的賣座成績也備受考驗。

二〇〇〇年是國片發展面臨瓶頸的時候，五年後漸有新銳導演嶄露頭角，拍片數量逐漸增加。接著二〇〇七年的《海角七號》，一舉成為臺灣影史上賣座最佳的電影，「國片」新潮流終於來臨。如今方興未艾，臺灣政府也提供輔導金獎勵「國片」

製作。

就在臺灣電影進入新潮流的階段，我也開始接觸國片，前往電影院觀賞《聽說》、《陽陽》、《一頁臺北》、《第三十六個故事》等等。這些作品與先前提到的《聽說》一樣，屬於小品題材，帶著深具時代感的雅致品味，描繪臺灣年輕人經歷的戀愛和苦惱，令人留下法國電影般的舒暢餘韻。

二〇一〇年大賣座的《艋舺》，則是融入大量臺灣傳統元素的黑幫故事，感覺略帶臺味風格，出現不少令我暗讚：「這就是臺灣！」的情節，也是我喜愛的作品之一。同年，還有旅居臺灣的日籍導演北村豐晴的作品《愛你一萬年》，北村導演是關西出身，作品笑果十足，說也奇怪，倒是與臺式風格頗搭，連向來不太看搞笑片的我也樂在其中。

二〇一一年春節，我去觀賞《雞排英雄》。這部娛樂片是以臺灣「夜市」為背景，巧妙敘述鄉下大叔大嬸的悲喜人生。其他像是《父後七日》，劇情比日本電影《送行者》更接近洋風路線，引人會心一笑，可純粹感受臺灣鄉土的芬芳，讓我憶起在臺灣參加祖母喪禮時的情景。

最值得一提的是，二〇一一年最受歡迎的作品——九把刀導演的《那些年，我們一起追的女孩》，描述了年輕人酸甜的青春滋味。「那些年」這句話，甚至成為社會流行現象。

儘管欣賞了許多佳片，我在觀看時，仍存著一個大問題。

那就是像《艋舺》或《雞排英雄》等鄉土題材作品，一定是以講「臺語」為主流。臺語是源自福建南部的閩南語，與國語發音截然不同。例如國語的「我」，臺語發音是「guá」，聽起來完全不一樣。臺灣以北京話為國語，至今依然有七成以上民眾是以臺語交談，尤其自臺北南下，講臺語的機會愈高，逛街購物時基本上是以臺語溝通。

我在小學時學習國語，在家裡說臺語，但在家中講日語的機會較多，臺語沒有學得很道地，每當姑母們以臺語聊天或聽人開玩笑時，總是不解其意，十分後悔沒有練得精通。我有心想學臺語，二〇一〇年返臺時偶爾找了家教，開始慢慢學習。此外，我覺得臺灣電視劇內容很有趣，精采程度可媲美韓劇，只是為何沒造成轟動，我感到不可思議。

我還去觀賞「音樂時代劇場」（臺灣知名的音樂創作劇團體），或是參加人氣歌手張惠妹、蔡健雅等人的演唱會。我原先對臺灣音樂劇沒有懷抱太多期待，觀賞時，卻深深驚訝原來演員的歌舞和戲劇表現如此精湛，連身為歌手的妹妹一起觀賞時，也對演員的歌唱實力十分驚嘆。演唱會票價遠高於物價，的確讓人吃驚，然而張惠妹在舞臺上高歌長達將近五小時，即使價錢高，我也感覺值得。

就在我開始盼望是否能在臺灣發展演藝事業之際，二〇一二年春，終於獲得舞臺的演出機會。

這齣舞臺劇是由海峽兩岸攜手合作，並由中國國家話劇院、臺灣國立臺北藝術大學、國立中正文化中心共同製作。劇本是臺灣戲劇界的先驅姚一葦（一九二二～一九九七）先生，於一九六五年撰寫的劇作《孫飛虎搶親》。

這是臺灣的國立臺北藝術大學透過兩岸舞臺交流的初次嘗試，備受各界矚目，我在日本曾接受中國國家話劇院的吳曉江導演指導，他邀請我以臺籍身分參加演出。

我有幸站在臺灣最具規模、歷史最悠久，可與日本國立劇場並稱的「國家戲劇院」舞臺上，演出自己最熱愛的戲劇，實在是萬分感動，也是難忘的經驗。而且得以在臺灣與有志成為舞臺演員的年輕人相識，是我人生中的資產。

二〇一一年夏天，我擔任日經廣播節目《臺灣再發現：臺灣文化之窗》的主持人，因採訪報導而來到臺灣。

這個節目是將臺灣文化介紹給日本大眾，我採訪過臺灣現代版畫之父廖修平、廣受年輕人歡迎的小說家九把刀，以及國家音樂團等等。我瞭解演藝界之餘，也認識到前所未知的臺灣藝術文化。

我訪問了吳念真導演，他曾長年擔任侯孝賢導演的副導工作，吳導演是九份出身，他表示「對顏家十分瞭解」，談起許多舊事。採訪文化局官員之際，我表示自己是顏家後代，話題霎時熱絡起來，「顏家」光環雖漸黯淡，所幸得以受其惠而獲得不少助緣。

我因工作關係接觸臺灣，完成臺灣一周之旅、對這塊土地瞭解更深，但從其他對臺灣十分瞭解的日本人來看，尚有許多不足之處。我有一半臺灣血統，曾居住此地。當時若想瞭解，隨時都有機會，可惜沒有充分善用時機。如今後悔也於事無補，今後唯有再接再厲，相信終究會改善一切。

臺灣這個地方，經歷過一段複雜歷史。

原本的主要人口構成，是從大陸渡海而來的漢族子孫（包括我在內），其中分為福建、廣東、客家，各自保留傳承文化。漢人渡臺之前，已有原住民在此定居。日本統治臺灣五十年之際，對臺灣社會影響甚鉅，至今仍有許多年邁的臺灣人士將日語視為母語。倘若父親在世的話，也應屬於這些通達日語的族群。此外，戰後隨國民黨一同渡海來臺的外省族群，讓原本以米食文化為主的臺灣社會，享受到可口小籠包或牛肉麵等美食，基本上，這一切應歸功於以麵食文化為主流的外省同胞之賜。

藉著工作和旅行，讓我瞭解了這些歷史，臺灣在不同地區各具特色，飲食文化豐富，無論到何處都充滿愉快，不曾感到無趣。臺灣這個地方，常有許多「外來者」不時互動交流，臺灣社會其實具備兼容並蓄的柔軟特質，是十分易居之地。

我經歷過威權主義時代教育，曾認為臺灣社會有欠變通，如今的轉變確實讓我重新獲得一大發現。

我也如實感受到，自己也屬於如此複雜而多元的臺灣的一部分。

我去逛最喜歡的誠品書店敦南店時，一張海報印著「飲水思源」的文字，映入我眼底。

所謂「飲水思源」，是指凡做任何事都不忘其本源，恰是印證了自己的境況，這句話深深吸引著我。

回到臺灣，接觸當地的人事物，喚起了我體內流淌的臺灣血脈，思索父親的過往。從改建日本舊家時發現的一個箱子裡，找到父母的信件和照片，內心湧起一股衝動，想要瞭解雙親，想要瞭解自己。

改建舊居與發現箱子，兩者的時機巧合重疊，不禁讓我感到這是「命運的安排」。若非機緣巧合，恐怕我終生都不會去思索「尋根」的問題。我真是何其幸運。

執筆《我的箱子》之際，編輯對我說：「若能在臺灣出版就好了。」我心想大概只是夢想，心裡卻深深期許。只不過，縱然如願以償，恐怕也是久遠以後之事。正作如是想時，日文版出版未幾，臺灣的知名出版社聯經出版公司就來洽談臺灣版事宜，真令我開心極了。

又多了一件與最喜歡的臺灣有關的事情。

在此，我要向不惜對拙作給予肯定的聯經出版公司發行人林載爵先生，以及為了我個人渴望看到中文版的心願，儘快配合翻譯完成的辛如意小姐，還有出版社諸位同仁，誠摯表達這份深切的謝意。

閱讀這本書的臺灣讀者，初次見面，您好，我也是臺灣人。不過，同時身為日本人的我十分擔心，不知你們如何閱讀此書，心中有何感受？儘管如此，能在祖國臺灣留下一絲足跡，我心中盡是感激。

今後我想更盡一份心力，成為維繫日本與臺灣之間的橋樑。我的尋根之旅，才剛起步而已。

現在的我自己搭乘飛機
現在的我自己到處漫遊
不過臺灣就是我的家

聯經文庫

我的箱子

2013年3月初版
2019年3月初版第四刷

Printed in Taiwan.

定價：新臺幣340元

著者	一青妙
譯者	辛如意
叢書主編	林芳瑜
校對	呂佳真
內文排版	林淑慧
封面設計	許晉維

日文封面設計：松尾たいこ(插畫)、田中久子(裝幀)
臺灣版封面設計：許晉維

出版者	聯經出版事業股份有限公司
地址	新北市汐止區大同路一段369號1樓
編輯部地址	新北市汐止區大同路一段369號1樓
叢書主編電話	(02)86925588轉5318
台北聯經書房	台北市新生南路三段94號
電話	(02)23620308
台中分公司	台中市北區崇德路一段198號
暨門市電話	(04)22312023
郵政劃撥帳戶第	0100559-3號
郵撥電話	(02)23620308
印刷者	文聯彩色製版印刷有限公司
總經銷	聯合發行股份有限公司
發行所	新北市新店區寶橋路235巷6弄6號2F
電話	(02)29178022

總編輯	胡金倫
總經理	陳芝宇
社長	羅國俊
發行人	林載爵

行政院新聞局出版事業登記證局版臺業字第0130號

本書如有缺頁，破損，倒裝請寄回台北聯經書房更換。 ISBN 978-957-08-4152-7 (平裝)
聯經網址 http://www.linkingbooks.com.tw
電子信箱 e-mail:linking@udngroup.com

本書照片、信件圖檔皆由一青妙提供

作者照片、頁285、頁305 攝影師：仙波理／熊谷俊行

國家圖書館出版品預行編目資料

我的箱子/一青妙著．辛如意譯．初版．新北市．
聯經．2013年3月（民102年）．328面．14.8×21公分
（聯經文庫）
ISBN 978-957-08-4152-7（平裝）
[2019年3月初版第四刷]

1.一青妙 2.傳記

783.3886 102003890